LOCUS

LOCUS

LOCUS

LOCUS

catch

catch your eyes ; catch your heart ; catch your mind ······

尼羅河 e-mail

圖·文⋯⋯北兒

跟著我的伊媚兒神遊尼羅河

From Bell

send

>> 目錄 CONTENTS

前　言

© 2003 Illustration by Bell

一躺旅程的結束，彷彿是另一段旅程的開始，

就好像遇見心儀的人，她的一顰一笑，一舉一動，都還深深烙印在腦海裡，

離開了她，思想才真正開始。

開始想了解她，她的一切……

撿起地上的石頭，想起這是她曾經走過的路……

所以我對埃及開始用功了……

這本書裡的伊媚兒，是我從埃及旅遊回來後這一年多，

跟我的摯親好友所分享的「埃及發現之旅」

照片是我跟阮尢拍攝，圖畫是我彷埃及陵墓壁畫及名信片所畫，

這次狀況很多，比如班機嚴重誤點，領隊跟外國導遊吵架式溝通，沙漠下雨等奇景，

除了當地人不時跟你要小費外，其他行程時間安排及吃住都很好。

紅海很美、很藍，可惜也沒告知帶比基尼去，

望著一片藍，差點都裸體上陣……不過水很清澈但很冷是真的。

去埃及證明一件事：人活著一定要有夢想！

一片沙漠＋一堆石頭＋一些符號圖畫＋一群窮苦的人＝偉大的埃及

這必須要有很多歷史、神話故事及電影情節來豐富你的想像，

在返台3萬英呎高空的亂流中，整著身子騰空彈跳起，可樂灑到前座人的肩膀上，

聽到耳機裡蜘蛛人的電影對白插入一句空姐說的：＂WE ARE SAFE＂

在埃及航空最後8排座位還有吸煙區「亂流過後吸煙區座位就滿了」真是奇觀！

總之我平安回來了！

人的一生中，如果票選出十個一定要去的地方，

「埃及」一定要列在行程當中。

Bell

2004.01.10 于新竹

© 2003 Illustration by Bell

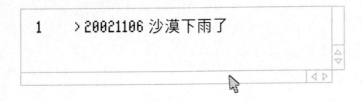

1　　 >20021106 沙漠下雨了

收件人：<Undisclosed-Recipient:@msr.hinet.net;>
副本抄送：
主旨：沙漠下雨了

Dear:

從路克索驅車穿越沙漠到紅海邊的小城胡加達，4個小時的行程，穿越沙漠公路是危險的，午飯後各國的遊覽車在路克索邊境集合，1點半出發，車隊前後皆有警車護航，一起穿越沙漠，聽說以前有恐怖份子攻擊觀光客，主要是針對歐美人士，看到這樣的場面跟電影情節一樣，真令人捏一把冷汗，車開沒多久，車內聽到一聲「Bi」---「Bi」，團員互相對看開始緊張「這是什麼聲音？」沒多久又一聲「Bi」--- 大家開始看看座位底下、上層行李架……「不會是那個被啟動了吧？」……

可是這個Bi聲沒有規律，「出發前我們都看著車沒人進出啊？」「好像是從你座位底下發出來的…」「我覺得是前面上方……」每個人的臉部肌肉有些線條浮出來。

再一聲「Bi」，腦海頓時浮現CNN新聞播報的畫面…… 後來我冷靜觀察：原來是司機聽調頻音樂，他每轉換一頻道就「Bi」一聲，我馬上告訴其他團員，「真的耶！」大家都鬆了一口氣，原來前幾天別的司機並沒有聽音樂，這是第一個打開會BiBiBi調頻的司機 …… 放鬆心情後，大家就好睡了。

沿路除了一片沙漠，偶有小山丘，還有一台翻倒在公路旁沙堆上的巴士，幾個人在事故現場……其他能看到的就是雲，雲的變化很多，有小白兔、恐龍，還有各種臉部，以及身體的表情、動作在台灣很久沒這樣看雲了，真美。

抵達胡加達這個城市，這一大片雲很詭異，太陽光芒從雲層中射過來，我趕緊用數位相機拍下來。果然隔天清晨就下起雨來了，地上濕濕的，一見日頭很快就蒸發掉了。

當天下午去遊牧民族涼亭裡體驗中東地區百姓如何抽大管水煙， 我們是抽蘋果口味的水煙，用水過濾後的煙草香又不嗆，直達腦門，舒服極了。難怪有些人會抽鴉片敗光家產。

傍晚一票人抽得樂淘淘，在朦朧狀態下上了車， 沙漠又開始掉下豆大的雨滴，稀疏，可是大顆，落在沙上是「啪～～」地散開成一朵花後又迅速蒸發。

紅海上方開始閃電，左一道光、右一道光，威力大一點的話，閃電出現得用力又急速，好像要把天空劈成兩半。

聖嬰現象已蔓延到沙漠了……

埃及之旅就像做愛，讓人興奮的不是高潮，而是多發現了敏感帶……

BELL

2002 / 11 / 08

收件人：<Undisclosed-Recipient:@msr.hinet.net;>
副本抄送：
主旨：埃及遊行程

Dear:

以下是這次去埃及的實際行程，下圖是行走路線圖，對埃及之旅有興趣的人可以認真參考。

這次狀況很多，比如班機嚴重誤點，領隊跟外國導遊吵架式溝通，沙漠下雨等奇景，除了二餐當地埃及風味餐會讓你很快從胃通過十二指腸大小腸直達小菊花及當地人不時跟你要小費外，其他行程時間安排及吃住都很好。

紅海很美、很藍，可惜也沒告知我們可以帶比基尼去，望著一片藍，差點都裸體上⋯⋯

不過水很清澈但很冷是真的。

去埃及證明一件事：人活著一定要有夢想，一片沙漠＋一堆石頭＋一些符號圖畫＋一群窮苦的人＝偉大的埃及。

這必須要有很多神話故事及電影情節來豐富你的想像，在返台3萬英呎高空的亂流中，整著身子騰空彈跳起，可樂灑到前座人的肩膀上，聽到耳機裡蜘蛛人的電影對白插入一句"WE ARE SAFE"，在埃及航空最後8排座位還有吸煙區，亂流過後吸煙區座位就滿了。

總之我平安回來了，再來慢慢介紹埃及吧！

BELL
2002 / 11 / 05

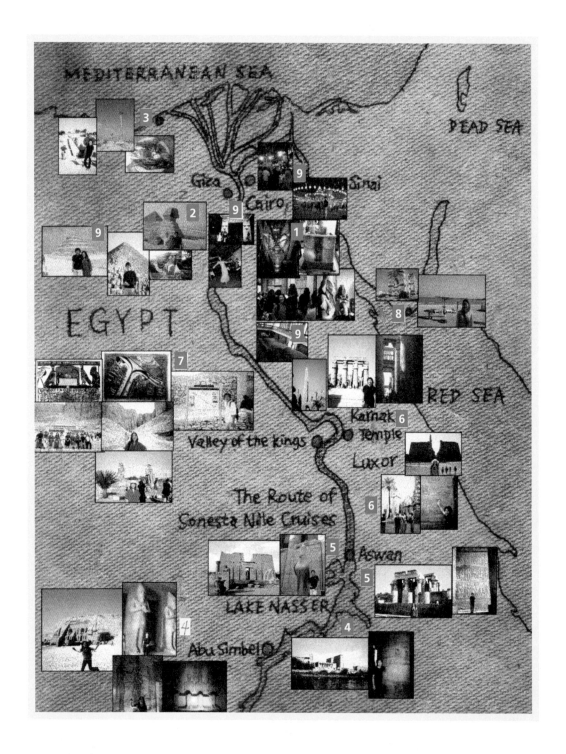

第一天 10 / 23 (三)　台北／曼谷／開羅

今日搭荷蘭航空飛往北非第一大城，埃及首都 —— 開羅，展開埃及尼羅河的知性巡禮。

〉早：X　　〉午：X　　〉晚：機上　　〉住宿：機上

第二天 10 / 24 (四)　曼谷／開羅 MS865 0045/0600

清早上抵達後市區觀光：參觀收藏埃及古物多達十萬件以上的★埃及博物館，豐富的古文物收藏，讓您更深一層了解神秘的古埃及文化寶藏；尤以圖唐卡門法老王的陪葬品、黃金棺、面具等最為出名。

下午前往世界古文明代表之建築物、世界七大奇景之一的★金字塔及人面獅身像並騎駱駝繞行於黃沙之中，新鮮而有趣。參觀紙沙草紙做法及畫作、參觀香精香料店古埃及做法介紹，晚上自費$25看吉薩人面獅身聲光秀。

〉早：機上　　〉午：中式六菜一湯　　〉晚：埃及風味餐　　〉住宿：HILTON

第三天 10 / 25 (五)　開羅 ／亞歷山大港／開羅（搭國內埃航班機往）

亞歷山大城是埃及第二大城市，以他的建立者亞歷山大大帝為名，亦成為埃及托勒密王朝近300年的新都。此城位於開羅西北方230公里處，搭機抵達後參觀★希羅博物館，主要收藏托勒密時期的亞歷山大城及法尤姆綠洲之遺物。參觀羅馬時期所遺留下的★舒卡法地下墓穴、龐貝石柱。

下午參觀蒙大札皇宮（穆巴拉克總統的夏宮）以及位於傳說中的古代七大奇蹟之法羅燈塔旁的卡貝城堡。傍晚驅車約4.5小時車程（飛機延至晚上10才開，改搭車）返回開羅。

〉早：旅館美式早餐　　〉午：西式海鮮套餐　　〉晚：中式六菜一湯　　〉住宿：HILTON

第四天 10 / 26 (六)　開羅／亞斯文（搭國內埃航班機兩段）

上午3點起床後，搭機飛往阿布辛貝，途中至亞斯文略作停留。★阿布辛貝是拉姆西斯二世建於公元前1275年的神殿，亞斯文水壩始建時，因神殿位於淹沒區，埃及政府獲聯合國教科文組織的協助，於1962年開始遷移，歷經18年始成功遷離原址。

下午返回亞斯文參觀★薛普特女王未竟之方尖碑，★費拉島神廟及★亞斯文水壩，隨後搭乘風帆船，瀏覽尼羅河畔風光，晚間遊輪歡迎會，肚皮舞＋DISCO，稍晚逛逛亞斯文的夜市。夜宿遊輪。

〉早：旅館美式早餐　　〉午：遊輪西式套餐　　〉晚：遊輪自助餐

〉住宿：MOVENPICK RADAMID II（肚皮舞表演＋歡迎會）

第五天 10 / 27 (日)　遊輪

遊輪上午啟航，隨著遊輪緩緩行駛，古蹟之旅將沿尼羅河展開。抵康孟波參觀★康孟波（柯歐普）神殿。北殿祭奉鷹神何露斯，南店奉祀鱷神索貝克，細膩的結構充滿古典之美。

下午參觀★艾得福的何露斯神殿，此處為全埃及保存最完整的古神殿建築，幾乎維持當年的原貌。其中有保存完整的壁畫，記載伊西絲以及歐西里斯的神話故事。傍晚6點至7點自費$30看卡那克神殿聲光秀。

晚上遊輪"埃及之夜""化裝晚會"。

〉早：遊輪美式早餐　　〉午：遊輪西式套餐　　〉晚：遊輪自助餐 (化妝晚會)
〉住宿：MOVENPICK RADAMID II

第六天 10 / 28 (一)　遊輪

早上遊輪航向古稱底比斯、亦是中王國及帝國時期首都的路克索，至東岸參觀世界最大的石柱神殿★卡那克神殿。

午後參觀★路克索神殿以及其間綿延達三公里的羊頭獅身石雕像。傍晚您可迎著徐徐清風於甲板上欣賞尼羅河兩岸旖旎風光。夜宿遊輪。

〉早：遊輪美式早餐　　〉午：遊輪西式套餐　　〉晚：遊輪自助餐
〉住宿：MOVENPICK RADAMID II

第七天 10 / 29 (二)　路克索－胡加達

前往西岸帝王谷參觀★法老王陵墓以及曼農巨像與★哈特薛普特女王的陵墓（下起一陣雨，約10分鐘），其獨特風格氣勢不凡。

返回遊輪整理行李，下午驅車東行前往紅海畔的度假小城胡加達。

〉早：遊輪美式早餐　　〉午：西式自助餐　　〉晚：西式套餐　　〉住宿：Hilton Resort

第八天 (三)　胡加達／開羅（搭國內埃航班機返）

（清晨下雨）早餐後前往碼頭搭乘玻璃船欣賞海底珊瑚礁及五彩斑爛的熱帶魚。下午參觀破船，至遊牧民族帳棚抽水煙（沙漠下起雨，天邊閃電交加），晚上搭機返回開羅。

〉早：旅館美式早餐　　〉午：埃及風味餐　　〉晚：埃及風味餐　　〉住宿：HILTON

第九天 (四) 開羅 —— 孟斐斯 —— 開羅

今日前往中王國時期的古都★孟斐斯，參觀巨大花崗岩雕的拉姆斯三世像，以及★莎卡拉具4700
年的歷史、呈階梯狀的第一座金字塔。

下午參觀莊嚴富麗的穆罕默德—阿里清真寺，至開羅最大市集卡利利逛逛。

晚上搭船遊尼羅河並享用晚餐及觀賞民俗音樂演奏及肚皮舞＋旋轉舞。

〉早： 旅館美式早餐　　〉午：中式六菜一湯　　〉晚：肚皮舞自助餐　　〉住宿：HILTON

第十天 (五) 開羅／曼谷 MS864 1315/0145+1

早餐後至機場搭埃及航空返國。

〉早： 旅館美式早餐　　〉午：機上　　〉晚：機上

第十一天 (六) 曼谷／台北

清晨3點抵達曼谷，接往機場過境旅館休息。中午轉機荷蘭航空返回台北。

〉早： 旅館美式早餐　　〉午：機上焗烤麵疙答

◎中文導遊全程陪同（年輕阿拉伯人在開羅大學學了一年中文，聽他解說會陷入迷思）。

> 3 > 20021108 埃及博物館前的小朋友

收件人：<Undisclosed-Recipient:@msr.hinet.net;>
副本抄送：
主旨：埃及博物館前的小朋友

Dear:

埃及博物館正在整修，不過還是可以進去參觀，1999年去義大利各古蹟也正好為迎接千禧年整修，2000年去加拿大惠特曼公園也正好整修，真是巧。

這是在開羅的埃及博物館前，老師帶小學生來博物館參觀教學，大家都正在排隊，看見東方人很好奇，一群小朋友熱情地圍著我要一起合照，天真開朗熱情又大方的不得了，我身後的水池有兩種埃及很重要的植物；蓮花是上埃及的國花，在很多陵墓神廟的壁畫浮雕上都有蓮花圖樣另直挺挺的是蘆葦，也是做紙沙草紙的原料。

BELL
2002 / 11 / 08

看，合照完又自動集合要我再拍一張……哈哈！

收件人：<Undisclosed-Recipient:@msr.hinet.net;>
副本抄送：
主旨：寄埃及名信片

Dear:

這一次去埃及我跟英龍挑了每個景點的名信片，然後每晚都很努力地寫，要寄給親友。

可是裡面有 2/3 是寄我們自己，因為有蓋郵戳，可以紀念又可以介紹當地特色，可是寫給大家的就要好好想一想，因為不想寫重複的，結果絞盡腦汁，我們倆還分工合作，一個寫字，一個畫圖……寄給我們自己的，都空白沒時間寫，等寄到台灣再自己補填內容，我們離開開羅 Hilton 時，櫃檯服務生幫我們投了 2 公分厚厚一疊名信片進郵筒，團員這時就驚呼：「都要回去了才寄？」、「怎麼寄這麼多？」、「難怪你倆沒跟我們去瞎拼！」、「年輕人真有趣！」……

總之以後出國都要寄名信片給自己，蓋上當地郵戳做紀念。呵呵！

BELL

2002 / 11 / 08

收件人：<Undisclosed-Recipient:@msr.hinet.net;>
副本抄送：
主旨：路克索神殿修指甲看可蘭經

Dear:

在路克索神殿不知是否太熱了，神殿角落有三位阿拉伯女人，少女幫婦人修指甲，婦人則專心地看口袋（阿拉伯文不知是否可蘭經？）你曾經在行天宮，龍山寺或媽祖廟看到女兒幫媽媽修指甲，媽媽專心在看佛經的嗎？ 這樣的想法讓我記錄下這個畫面，她們很專心，後來媽媽還抬頭對我笑一笑，一副有智慧又高雅的樣子。

BELL

2002 / 11 / 08

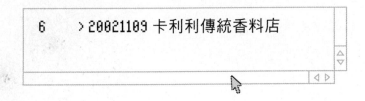

收件人：<Undisclosed-Recipient:@msr.hinet.net;>
副本抄送：
主旨：卡利利傳統香料店

Dear:

巴黎，浪漫之都，除了藝術時尚流行走在尖端，香水也是頂有名。

可是，你知道嗎，埃及是巴黎香水原料的主要供應地，在香精店中只要你能説出品牌名，

就可找到相同味道的香精。

在開羅的香精油專賣店，一個年輕店員，

現場就利用瓶瓶罐罐的香精油調配出巴黎暢銷名牌香水氣味。

香精油的特點是不含化學成份，不刺激皮膚，不揮發，所以香味較持久。

其中蓮花香精是埃及最傳統的香精。

這張照片背景在開羅最大傳統市集卡利利傳統香料店，

這次瞎拼收斂許多，逛這裡主要是看熱鬧，

我們的領隊外號叫「柴契爾夫人」也就是閩南語「菜市場夫人」，

一年有2 / 3時間在國外，但是她還是很喜歡買東西，沒看過比團員還會買東西的領隊，

她邊挑香精邊殺價，最後賓主盡歡，老闆則坐在一部老舊的收銀機前算錢。

很奇怪，看到有人比自己還會買，反而沒有購物的慾望。

第一天在專門的香料店我就買了幾瓶香料，團員也都有買，

沒想到大家在市集還是拚命買，不只是香料，

還有晶瑩剔透的香料瓶，逐家比價，家家買。

要如何殺價殺到不被坑，老闆又肯賣，東西又不差，實在是一門很大學問。

不過回台灣，可以享受埃及特殊風味的香味……

身上輕抹香油，心情跟著調整……真是蠻好的經驗哪！

BELL

2002 / 11 / 09

7   ＞20021109 有鹹魚味的穆罕默德清真寺

收件人：<Undisclosed-Recipient:@msr.hinet.net;>
副本抄送：
主旨：有鹹魚味的穆罕默德清真寺Muhammad Alimosque

Dear:

進入清真寺，不論大人小孩都要脫鞋，一進入大廳，迎面撲鼻而來的是鹹魚味，特重級的，忍不住要倒抽一口氣，再·確·認·一·下…… 因為地毯吸附了從世界各地來的信徒及觀光客的腳丫味兒，除去嗅覺，其實吊著大大小小的燈炮，氣氛很好……

在埃及每個景點向阿拉跪拜的時間一到，就有擴音器廣播祝禱詞，馬路邊到處有教徒就地跪拜，導遊也會抽空「消失一下」，跪拜完再回來，導遊是虔誠的回教徒，所以進入清真寺裡，要大家席地而坐開始說典故，這建築設計真是棒，屋頂設計成多個橢圓形，代表蒼穹，而且講話不用透過麥克風，就能傳遍整個大廳，完全立體聲。 其實無論信仰什麼宗教，大家一起很虔誠就讓人動容。

BELL

2002 / 11 / 10

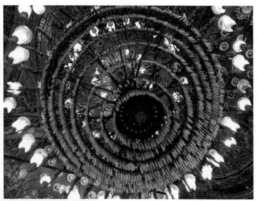

8　　　>20021109 亞歷山大城美少女

收件人：<Undisclosed-Recipient:@msr.hinet.net;>
副本抄送：
主旨：亞歷山大城美少女

Dear:

去地中海邊的亞歷山大當地人對東方人的好奇心不亞於開羅這些年紀稍長的美少女。也是自動坐一排含蓄又大方地拍照，個個都是美人胚子。小學生有點像過動兒，會貼在我們身邊主動跟我們握手，我們團員像偶像明星，小朋友搶著過來握手，手裡有相機的還主動拉我們去拍照……

真不可思議！我了解 F4 的感受了。

把麵包屑丟到鯉魚潭裡魚群倏地爭先恐後搶食大概就是這場面…… 形容誇張了點！

BELL

2002 / 11 / 8

```
9      >20021109 阿布辛貝神殿 AbuSimbe
```

收件人：<Undisclosed-Recipient:@msr.hinet.net;>
副本抄送：
主旨：阿布辛貝神殿 AbuSimbe

Dear:

下圖水彩畫是我買的一本書，DAVID ROBERTS 在1838-1839及1853-18544埃及遊玩時所畫下的古蹟。那時大都被尼羅河淤泥及沙漠砂石覆蓋，從畫裡可以看到當時的狀況。內殿的壁畫也好漂亮，我另外再介紹！

（水彩畫圖片引用自《 A JOURNEY IN EGYPT 》）

BELL

2002 / 11 / 9

拉姆西斯二世的頭掉在地面上維持原狀,還未遷移現址前整個神殿是沿著山壁鑿刻,挖出來也就是一體成型不是刻好再拼上去的,真是技術太厲害了!

阿布辛貝神殿

位於亞斯文南方二七〇公里,這邊的繪畫、雕刻及巨大的人像直教人看了張嘴——哇!哇!哇!阿布辛貝神殿本來應在亞斯文水壩完工後沈陷於湖底,但在聯合國文教組織的努力下,像愚公移山般花了十年光陰將整座神殿及旁邊的小神殿切割成小塊,在原址上方六十公尺山丘上的現址重建。神殿正面有四座高二十公尺的拉姆西斯二世座像(是不同時期的拉姆西斯二世哦),左邊第二座上半身已倒下入口正上方是太陽神像最上方有整排智慧神狒狒像,長廊右側石柱四尊 OSIRIS 神立像,進門長廊兩側石柱各有四尊 OSIRIS 神立像,廳內壁上雕刻著法老王的戰功。

大神殿的內殿四神像

建神殿的法老拉姆斯斯二世，展現當時古埃及的天文及度量衡科技，神殿是整座山鑿空雕成其設計精密之程度令人佩服得五體投地，因為在原址每年拉姆斯斯二世的生日，2 / 22 及登基日10 / 22 這兩天，太陽的第一道光線會透過神殿小入口經五十五公尺，長廊由右至左照射內殿四座雕像的其中三尊，依序是太陽神 Ra、拉姆西斯二世及阿、蒙神 Amun 像，而最左的黑暗神不會被照到，時間前後約二十分鐘，但遷移後日期變成 2 / 21 及 10 / 21 日照時間也縮短為五分鐘現代科技竟不如古代精密……

阿布辛貝旁邊還有一座小神殿，是拉姆西斯二世為心愛的老婆所建（他最愛大老婆納法塔莉，共娶27 個妻子其中 3 個是他女兒）。在殿內祭祀哈特女神正面有六座立像，兩尊是拉姆西斯二世，二尊是最愛的大老婆，另外子女各站在父母兩側……

收件人：<Undisclosed-Recipient:@msr.hinet.net;>
副本抄送：
主旨：埃及小朋友口頭禪"Do you speak english?"

Dear:

在埃及的小朋友看到觀光客是熱情的，一連串的英文會話，都不知道該不該認真回答；小朋友一個問完接另一個問，根本沒回話機會。

在亞歷山卓，古夫金字塔、穆罕默德清真寺前都有老師帶小朋友參觀教學，老師鼓勵小朋友見到觀光客要大方說英文，多多練習英文會話，因為平常他們是講阿拉伯話。

綜合他們的會話是這樣的：

"Do you speak english?"

"what's your name?"

"Where are you coming from?"

"How are you?"

結果出現這樣的對話：

"Do you speak english?"　　"yes，of course."

"what's your name?"　　"Andy"

"Where are you coming from?"　　"Taiwan"

"How are you?"　　"Fine, thank you. and you?"

（小朋友露出傻笑，沒想到會被反問。）

後來還有一個情況，小朋友看到我，問 "what's your name?"

看到領隊（下圖帶紅帽者）是問 "how old are you?" 領隊想了想，應該是小朋友搞錯了，就糾正

他們：「你應該說 "HOW ARE YOU" 問候我，不是 "HOW OLD ARE YOU"，那是問我的年齡，你知道嗎？」

總之她這樣用英文對小朋友說，小朋友也不知聽懂了沒，又追過來一個小男孩："Do you speak english?" "what's your name?" "Where are you coming from?" "How are you?" 他一氣呵成，領隊卻懶得理他了，情況就是底下的畫面。

BELL

2002 / 11 / 10

收件人：<Undisclosed-Recipient:@msr.hinet.net;>
副本抄送：
主旨：埃及象形文英文對照字母表

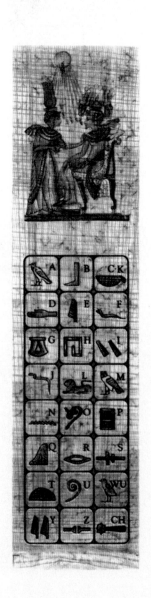

Dear:

中國象形文字很有趣，由抽象化的簡單線條所構成；

埃及的象形字則是圖案的構成，很特別。

古埃及的象形符號有些是「意符」，

有些則是一個聲音的「音符」。

當時會寫字的人不多，在開羅博物館裡有書記官雕像，

可知會寫字是很高尚的事。

不過隨著埃及王朝的毀滅，象形文字也就失傳了，

直到西元1799年拿破崙遠征法國時，

一位年輕軍官Bouchard發現了一塊石碑，

後來以出土地命名為「羅塞特石碑（Rosetta Stone）」。

這塊石碑共分三層，最上層有破損的部分，是以古埃及文書寫；

中央完整的部分是古埃及普通語；

最下半部是古希臘語。

經過十幾年後才終於被法國人 Jean-Francois Champollion

正確解讀古埃及象形文，現在這塊石碑收藏在大英博物館。

下面的書籤是紙莎草紙做的埃及象形文與英文對照字母表，

這版本應該是較正確的，

我看到的其他T恤及名信片都沒有很完整，

我訂做了一個18K金的名字縮寫"MLYEH"，

對照象形字表，可以看出是一隻貓頭鷹＋一隻獅子＋兩支羽毛＋一枝蘆葦草＋蘆葦草小屋，很有趣吧！你也可以試著畫出自己的名字。

下面是博物館陳列之書記官雕像，最下圖是神殿牆上壁畫，一隻鳥加上一顆星星，是啥意思？

不知，但好美。

BELL

2002 / 11 / 9

收件人：<Undisclosed-Recipient:@msr.hinet.net;>
副本抄送：
主旨：埃及古代外科手術用具

Dear:

這是在柯歐普神殿壁畫一角，記錄古埃及外科手術使用的工具，左邊是鼓勵懷孕婦女用蹲姿分娩，

真是醫學特發達…… 現在是資訊化時代，後代子孫都只能從電腦「0」、「1」辨識現在的一切，

這是喜還是憂呢?

BELL

2002 / 11 / 10

13 > 20021109 紙莎草紙畫-------
婚姻生活幸福美滿

收件人：<Undisclosed-Recipient:@msr.hinet.net;>
副本抄送：
主旨：紙莎草紙畫-------婚姻生活幸福美滿

Dear:

古埃及很多資料得以流傳下來，可説是紙莎草紙的功勞。放了幾千年也沒爛掉。紙莎草紙是埃及古代所使用的紙張，製作很簡單，先將紙莎草桿切成薄片，去掉綠色皮後，在水中浸泡一段時間，再以木棍壓出水份，然後石板上橫放一層，再交錯直放一層，最上面用另一石塊壓出水份，晾乾就是古代埃及人所用的紙張。很像在做菜乾，在埃及博物館可以見到用紙莎草紙畫的「死者之書」……關於「死者之書」這本印刷品，真是太可惜了，連博物館的印刷都很差，所以我沒買。埃及街頭到處可見到小販兜售紙莎草畫，但導遊説那多是以芭蕉樹製作，不能長久保存。

我在開羅一家專門製作紙莎草紙的工廠買了一幅畫，長寬約100X180cm，結婚剛好三週年，用來紀念婚姻幸福美滿。這幅畫的內容，水裡有蓮花及蘆葦草，表示此時上下埃及已統一；河裡有肥美的魚，右邊侍女頭戴香料錐，出遊狩獵物產豐饒。到處都是鳥禽閒雲野鶴，好似神仙生活…… 它上的顏色金碧輝煌真是美極了，當然價錢不便宜。菜市場夫人硬是幫我殺到美金120元，把它裱框後掛牆上真美啊！

BELL　2002 / 11 / 9

```
14      >20021110 古夫金字塔
```

收件人：<Undisclosed-Recipient:@msr.hinet.net;>
副本抄送：
主旨：古夫金字塔

Dear:

金字塔＋沙漠＋夕陽＋駱駝＝消失的古文明文化……

很美的想像，可是金字塔雖然在沙漠區，但是只是在城市及綠洲的邊緣而已（見下圖我身後）。因為是觀光區，所以有沙漠公路可驅車抵達，不必騎駱駝過來，駱駝不過是供遊客拍照的工具（這裡我沒有拍駱駝）。

説到金字塔，古夫金字塔最有名了，如果古夫是爺爺（由左邊排列起）那在他旁邊兩個金字塔就是兒子及孫子囉！（其實古夫金字塔最大，拍照角度問題變成他兒子最大）

照片上看到另有三堆小土堆，是埋葬皇后跟公主的金字塔（左前方另有1小堆拍不到），所以光這一區就有7個金字塔。以前獅身人面像（在金字塔後方）是被沙堆淹沒的，本以為她的臉孔是風化崩壞，導遊説是戰爭時，侵略者説要打掉她高傲的鼻子，才殘缺至今。

原本獅身人面像是金字塔前的小山丘，法老王見著礙眼，曾下令剷平山丘，經幕僚建議把她塑成守護者，才有今日風貌，而且她的正前方就是太陽日出之處。當然，並不是所有法老王都做金字塔，埃及境內目前只有 20 幾座，其他叫得出名字的法老王尚有100 多位，他們的陵墓大多集中在帝王

谷時再細説。 據説太陽每天由尼羅河東方升起，由尼羅河西方落下，日復一日，生生不息……

埃及人相信人死後會再生，因此所有神殿皆在尼羅河東岸，而陵墓，金字塔皆位於西岸。

圖中可以看到金字塔的石塊高及男子肩膀，要爬真的很難，另有階梯可到盜墓者入口處，可買票參

觀。附近仍有研究人員將部分區域圍起做考古工作。

水彩畫圖片引用自《A JOURNEY IN EGYPT》(bonechi 出版)

人面獅身像面對的是旭日東昇，我站在前面空地，

看著《尼羅河女兒》漫畫上還原當時金字塔到獅身

人面像神殿圖。

BELL

2002 / 11 / 11

收件人：<Undisclosed-Recipient:@msr.hinet.net;>
副本抄送：
主旨：Movenpick 尼羅河遊輪化妝舞會

Dear:

第四天到第六天晚上就住在 Movenpick 尼羅河遊輪，約有八個團體在這艘船上，郵輪餐點很豐盛，餐餐都是精心料理。每到一個景點，遊輪就會靠岸，大家步行或坐馬車，或坐遊覽車到古蹟去參觀，在遊輪的第二晚，有埃及之夜，規定大家都要穿著埃及服飾玩遊戲，所以第一天晚上船還是靠岸，領隊就帶大家去亞斯文夜市瞎拼，女生的服飾花樣可多囉，有早期的崔台菁埃及豔后亮片裝，還有漁網裝，太性感了，一群東方人在夜市目標太顯著。我只是看了看，買一瓶礦泉水就回去了，隔天參觀兩座神殿，大家其實有些心不在焉，希望阿拉伯導遊中文能再輪轉一些，講快一些，好讓我們趕快去拍照然後再趕快去路邊攤繼續打點我們的造型。

下圖是遊輪航行在平穩的尼羅河上，即使是睡覺，也感覺不出河上的波動，很好睡。

白天可以到最頂層游泳，或者點個飲料看風景或看書寫信聊天，非常悠閒……

在那裡會覺得自己真的好像「有錢人」……

這是這次的台灣團員著裝後的造型（導遊最遜，在亞歷山卓城中暑，在遊輪上還穿毛衣）

當晚主辦單位邀請各團蜜月的新婚夫妻到舞台中央，台灣團只有 68 歲歐伊桑及我們這一對，我和英龍看起來比較「新」，所以是台灣團代表，共有 5 對上場，上台去就是吃蛋糕慶祝及少不了的玩親親，主持人要夫妻各站一邊，然後把他手上的叉子上的奶油吃掉，想當然爾，用「舌頭舔」是最佳技法，但是有點猥褻，我們只好用牙齒去碰撞叉子把奶油吃掉……

接著大家全部上場玩傳保特瓶及湊人數遊戲，真開心……

所有蜜月的新郎及新娘分別持刀切蛋糕接受大家祝福

PARTY 結束後回房，走廊上就聽到此起彼落的驚呼聲，然後一陣亂笑，服務生真的很可愛，用兩條大毛巾就折出一隻小鱷魚的身型，還把我們的太陽眼鏡放上面，真 Q……

在遊輪上學到一句埃及話「哈逼逼」，就是「親愛的」之意，領隊「菜市場夫人」都這樣喊對她有意思的服務生。

BELL

2002 / 11 / 14

16   >20021115 路克索神殿的雞雞神

收件人：<Undisclosed-Recipient:@msr.hinet.net;>
副本抄送：
主旨：路克索神殿的雞雞神

Dear:

這是在路克索神殿壁畫上的雞雞神，又叫獨臂命神，神壇外牆有頭上戴著羽毛獨臂造型的男性雕像，這是阿姆神與命神的混合體。導遊說古時候全城男人都跟隨軍隊出征，只剩這個人留守，可是當軍隊凱旋時，發現他們的妻子全都大肚子了，所以斷其臂以為懲罰。壁畫有些雞雞被塗掉，有些則被摸到石壁發紅（領隊說那一根綽號「血精神」），有些圖騰整個被挖掉，有位當地看守的阿拉伯人比手畫腳說，牆壁上一個雞雞神的雞雞壁畫被他挖下來擺在後頭膜拜，聽說拜了不用吃威而剛，就會ㄎㄧㄥˋ ㄎㄧㄤˋ叫。 只要有棍狀物，就有陽具崇拜，全世界都一樣！

最右圖圖片引用自《Sacred Sex》（Thames & Hudson 出版）

BELL

2002 / 11 / 15

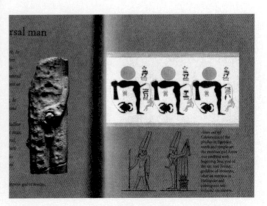

17　　>20021117 令人朝思暮想的情人

收件人：<Undisclosed-Recipient:@msr.hinet.net;>
副本抄送：
主旨：令人朝思暮想的情人

Dear:

一躺旅程的結束，彷彿是另一段旅程的開始，

就好像遇見心儀的人，他的一顰一笑，一舉一動，都還深深烙印在腦海裡，

才離開她，相思就開始了，開始想了解她，她的一切……

撿起地上的石頭，想起這是她曾經走過的路……

所以我對埃及開始用功了。

BELL

2002 / 11 / 17

18　　>20021117 來去聞花香吧

收件人：<Undisclosed-Recipient:@msr.hinet.net;>
副本抄送：
主旨：來去聞花香吧

Dear:
如果有人突然來通電話説：「BELL，今天我們啥事都不幹，來去聞花香吧 ……」
就這樣 …… 靜靜的一整個午后……

呵！呵！這是一件多風雅的事。
現在流行芳香療法，古時候已經知道要粹取花香，製成香料迷惑人心了。
下圖是阿布辛貝神殿內的壁畫及埃及博物館的石碑，我把它解讀為這樣。

講到聞香，就想到沈復寫的浮生六記——閒情記趣裡的一段「為花圖影」

（本人我不多學，適巧看到這一段挺有趣）

一堆朋友到家裡，一個名叫楊補凡的友人擅長人物寫真素描，另一位友人王興瀾工花卉翎毛，沈復這樣描述：

楊補凡為余夫婦寫載花小影，神情卻肖。是夜月色頗佳，蘭影上粉牆，別有幽致。

興瀾醉後興發曰：補凡能為君寫真，我能為花圖影。

余笑曰：花影能如人影否？興瀾取素紙舖于牆，即就蘭影用墨濃淡圖之。

日間取視，雖不成畫，而花葉蕭疏，自有月下之趣，芸甚寶之。各有題詠。

這聚會有趣吧！

BELL

2002 / 11 / 15

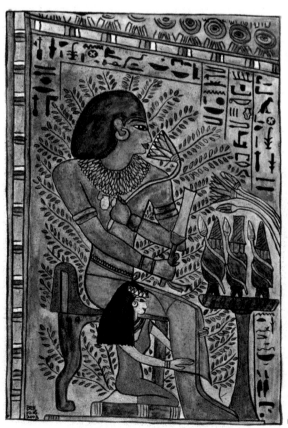

19 ＞20021117 珍貴的收藏品

收件人：<Undisclosed-Recipient:@msr.hinet.net;>
副本抄送：
主旨：珍貴的收藏品

Dear:

去埃及進行有預謀的收藏，每到一個地方就用夾鏈袋把沙子裝好，動作要俐落，不然異樣眼光頗
多。蒐集的細沙與石頭有階梯式金字塔、撒哈拉沙漠、古夫金字塔、紅海胡加達城、亞歷山卓地
中海邊、阿布辛貝、路克索神殿、帝王谷、何露斯神殿……
昨天用雞精空瓶包裝好，真是美麗的收藏，包得跟醬瓜一樣。

BELL
2002 / 11 / 17

收件人：<Undisclosed-Recipient:@msr.hinet.net;>
副本抄送：
主旨：埃及FOOD

Dear:

照片有好幾張埃及食物，你看得出什麼東東嗎？我在埃及吃到：石榴、椰棗（大小跟檳榔一樣，咬起來像甘蔗脆脆卻又澀澀的）、蕃茄、酪梨、西瓜、葡萄、小黃瓜、洋蔥、烤大餅（在當地是主食），柳丁……啤酒倒是沒喝到（下方壁畫有冒泡的飲料不知是啤酒還是7-UP？），雞牛羊魚（真的沒有豬）的表皮加了很多香料再烤，很入味。

特別要介紹烤大餅，做法是將麵粉搓一搓，揉一揉，把餅皮丟到火爐裡貼在壁邊，烘烤一下就OK了，當地人多用它沾著花生醬或沙拉醬，搭配醃黃瓜或酸辣開胃醬菜或蕃茄蔬菜一起吃，粉爽口，餅很香也Q，下面有三幅壁畫是在阿布辛貝神殿內。圓圓的應該就是烤大餅，越是簡單純粹的口味

就算歷經千年還是好口味。最下方是城市裡一個賣餅的路邊攤，每個人走經過就買一袋餅，一下子就收攤了，我們正好在對面二樓餐廳用餐。

BELL

2002 / 11 / 15

```
21      >20021117 埃及的壁畫
```

收件人：<Undisclosed-Recipient:@msr.hinet.net;>
副本抄送：
主旨：埃及的壁畫

Dear:

埃及神殿陵墓牆壁上及圓柱上美麗圖案及符號是如何弄上去的呢？

你可能會和我有一樣的想法，拿刀或釘子直接在上面挖呀！鑿啊！刻啊！劃呀！

其實只對了一半，現在答案為你揭曉：

所有的牆壁及石柱都是平滑完成後，然後在外表塗上一層厚厚的石灰，再開始繪製圖案製作壁畫，有陰刻也有陽刻，跟篆刻原理一樣，也因為這樣只有一層石灰，在歷經數千年的歲月，這些圖畫已風化斑駁或剝落殘破不堪，在室內的壁畫只能盡量讓觀光客不要用閃光燈，避免化學破壞，其他只能聽天命囉……

下面幾幅畫都有整片石灰剝落。

最下面這張是柯歐普神殿的壁畫讓人驚艷，最上方有些
壁癌，怎辦？

BELL

2002 / 11 / 17

22　　>20021118 亞歷山大城的美人魚

收件人：<Undisclosed-Recipient:@msr.hinet.net;>
副本抄送：
主旨：亞歷山大城的美人魚

Dear:

亞歷山大城靠地中海，有美麗乾淨的海岸線，和我合影的是釣具店老闆，吃完午餐等著集合，看見旁邊一大串像佛珠的東西，我被吸引過去，原來是專賣釣具的商店，老闆的臉有點兒像萬聖節的面具，一面櫥窗裡的黑白照片是美人魚跟老人坐著望海，這人魚讓人想起卡夫卡的著名寓言《海妖瑟倫的沈默》：

海妖瑟倫有一種比歌聲更致命的武器，那就是沈默，一個普通人也許逃得過海妖的歌聲，卻絕對逃不過她們的沈默。

荷馬史詩中的海妖瑟倫，是文字記載中最偉大的音樂家。水手明知聽了她們的歌聲，唯一的結局就是船毀人亡，卻仍然無法拒絕誘惑。

為了抵抗海妖瑟倫歌聲的誘惑，尤利西斯用蠟封住自己的耳朵，並且叫船員用鐵鍊將他綑綁在桅桿上。不過誰都知道，這個辦法無用，因為海妖瑟倫的歌聲能穿透任何東西，一旦人們的激情被勾引爆發時，縱有比鐵鍊和桅桿更牢固的束縛也會被掙脫。

尤利西斯並未聽見她們的沉默，他以為她們在唱歌，而只有他一個人沒聽見。

此刻，在遠方的岩石上，海妖瑟倫散發出前所未有的妖媚艷色，肢體輕擺，細頸微伸，而濕潤的長髮在風中飄揚。她們忘卻了把玩岩隙的骷髏，也忘卻了自己誘惑人的的歌聲，只想攫住尤利西斯眼中發散出的光芒……

照片上那老人也許已從年輕坐到老，而人魚一直都沒變……

套句電影對白：《蘇丹最後的國王》裡，年老的末代寵妃回憶著年輕時蘇丹國王執政及後宮生活點

滴，蘇丹政權瓦解，眾妃流離失散，年輕女孩聽著故事，一直追問：「後來呢？後來又發生了什麼事？」年老的末代寵妃口中吐出一縷菸，緩緩說出：「後來我只是漸漸老去……」

BELL

2002 / 11 / 18

23　　＞20021118 紅海是綠色＋藍色的礦泉水

收件人：<Undisclosed-Recipient:@msr.hinet.net;>
副本抄送：
主旨：紅海是綠色＋藍色的礦泉水

Dear:

往紅海海邊的路上，到處有美麗的廣告看板，這是一片觀光處女地，海水清澈得像藍色礦泉水，真的是淨土。

平時只有鄰近的歐洲人來渡假玩風帆，四處可見空曠的海岸邊正興建五星級飯店，

既然來埃及看過尼羅河帶來的肥沃綠洲，一定要順便過來紅海渡假，

出埃及記裡摩西帶領希伯來人顯神跡分開紅海，走出自己的一片天下……

看著身後的比基尼女郎，真想脫掉一身的束縛，下海當美人魚……

BELL
2002 / 11 / 19

這是住的飯店哪，當天晚上正好英龍生日……領隊準備一個蛋糕，英龍真是不分老少中外都受歡迎……

24 >20021123 Ankh----生命之鑰

收件人：<Undisclosed-Recipient:@msr.hinet.net;>
副本抄送：
主旨：Ankh----生命之鑰

Dear:
在埃及很多壁畫及浮雕上有很多鑰匙的圖騰，
這個圖騰很重要，叫做 Ankh，也就是生命之鑰，這裡是我買的一條項鍊。

古埃及人的世界裡，很重要的神明才有資格拿著 Ankh，像愛西絲奧西里斯及何露斯老鷹神等等。
Ankh 的樣子就像十字架上端加上一個小圓圈，它代表著新生命。 太陽由尼羅河東方升起，由尼羅河西方落下，Ankh 上方圓圈代表太陽，下方一豎代表尼羅河，一橫代表東西方向。 日子一天過了又一天，永遠沒完沒了，埃及人相信人死後會再生，所以所有神殿都在尼羅河東岸，而陵墓及金字塔都在西岸。

© 2003 Illustration by Bell

這是阿布辛貝大神殿的大木門，有一隻大鑰匙（很重，質感很好）好像 ANKH，跟守門伯伯合拍一張.

附上幾張有 Ankh 圖樣的照片

下圖是有一法老王受洗，老鷹神何露斯 Horus 及智慧之神托特 Thoth 手持寶瓶灑出 Ankh 讓這人重生。

BELL

2002 / 11 / 23

收件人：<Undisclosed-Recipient:@msr.hinet.net;>
副本抄送：
主旨：西洋梨身材的阿肯納頓 Akhnaton

Dear:

看到這個雕像，各位女士們要警惕自己囉，在辦公室坐久了，就會有這種西洋梨身材。

埃及的國王叫做法老王，這個法老王叫阿肯納頓 Akhnaton，超級性格，

他跟一般的雕像完全不一樣，而在信奉多神教的埃及，他只信太陽神阿頓 Aten，

他娶了一個智慧又美麗的妻子 Nafetiti，可是在開羅博物館內的雕像是男像女身，

導遊說他是同性戀，真相如何？未解。

總之他豐厚的嘴唇顯示他感情豐富，高高的顴骨又讓人覺得很嚴峻， 倒是微凸的小腹很性感……

BELL

2002 / 11 / 23

收件人：<Undisclosed-Recipient:@msr.hinet.net;>
副本抄送：
主旨：阿肯納頓一家膜拜太陽神Aton

Dear:

這是昨天介紹信奉一神教的阿肯納頓法老王，跟他老婆及女兒一起膜拜太陽神Aton。

我仿明信片畫了一張圖，右邊是紙莎草紙明信片。

在埃及博物館有很多紙莎草紙圖畫，我買的其中一張紙莎草紙明信片，裡面還有硬幣及郵票，共15埃磅，1埃磅＝新台幣9元。

你會不會因為少買紀念品而後悔？

博物館紀念品店好小，人多不好挑，我抓了幾張就趕快去結帳，真是買了不會後悔。所有團員只有我有買，真可惜啊！

BELL

2002 / 11 / 24

© 2003 Illustration by Bell

27　　> 20021124 路邊咖啡館

收件人：<Undisclosed-Recipient:@msr.hinet.net;>
副本抄送：
主旨：路邊咖啡館

Dear:

同樣是路邊咖啡館，在亞歷山大城跟巴黎街頭一樣的
感覺是可以「促膝長談」。

桌子很小，兩人放杯咖啡杯，菸灰缸，頂多再放一小
盤起司蛋糕，桌子就滿了，如果兩人對坐，絕對會碰到膝蓋，古時候可能就是這樣「沒有距離」，
所以產生很多哲學家，作家，畫家。

有機會一定要試試路邊咖啡座，馬路上汽車廢氣+飄蕩在空氣中的塵埃＋過往人群＋鄰桌談話聲＋
城市活動的背景音＋服務生的吆喝聲＋一點陽光＋一點冷空氣或熱空氣……

在發呆狀態下，腦子反
而清晰起來 ……

BELL
2002 / 11 / 24

收件人：<Undisclosed-Recipient:@msr.hinet.net;>
副本抄送：
主旨：地中海清新留影

Dear:

在亞歷山大城靠地中海邊，除了有一堆愛對觀光客進行
英文基本會話的小朋友，還有一些正值青春期的少男少
女，下圖是兩位少女，在海邊互相為對方留影，每個人
都青春過，以前的照片保留了好多回憶。

我會好好收藏生活點點滴滴 ⋯⋯

BELL

2002 / 11 / 22

```
29        > 20021128 代表幸福的聖甲蟲
```

收件人：<Undisclosed-Recipient:@msr.hinet.net;>

副本抄送：

主旨：代表幸福的聖甲蟲

Dear:

"神鬼傳奇"裡面鑽進人體裡去吃人聖甲蟲，讓你想到心都癢癢的吧，其實這都是好萊鄔電影亂編的。聖甲蟲在埃及代表幸福，是幸福的標誌。

在眾多神明中，聖甲蟲外型的神，代表太陽在天上的路徑，也代表旭日出生的太陽神，

凱布利 Khepri 甲蟲神，是早晨之太陽神，常被認為與另一太陽神……拉 (Re) 相同。

袍之所以受此尊重乃因太陽昇起就像甲蟲滾動著它的，因此他代表了太陽在天空運行的推進器。

所以，如果你對朋友説出像日本偶像劇的對白……

"要幸福呦" 也可以説成"要聖甲蟲呦"

呵呵……

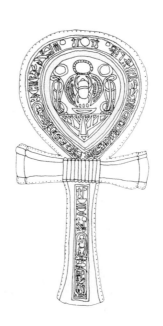

063

下圖是在埃及博物館保存的陪葬品，圖案是奈芙緹絲 Nephthys 守護死者的女神和愛西絲 Isis 守護死者的女神，也是生命與健康之神兼愛神扶著聖甲蟲。

BELL

2002 / 11 / 27

30　　＞20021128 埃及的藍蓮花 Bluelotus

收件人：<Undisclosed-Recipient:@msr.hinet.net;>
副本抄送：
主旨：埃及的藍蓮花 Bluelotus

Dear:

大家對於埃及的認識，除了矗立在沙漠中的金字塔，乾癟的木乃伊，還有一群神明、神殿⋯⋯

其實尼羅河岸的蓮花在埃及非常重要，從蓮花中萃取的香精油，擦在女性的膝蓋上，即使法老王都會臣服在她的腳下，我買了一瓶 lotus，聞起來像一般香皂的香味，擦在皮膚上則有溫潤的奶香。

台灣，有蓮花套餐；在中國，蓮花出淤泥而不染；在印度、埃及這些古文明國則又有不同詮釋。

現在看到的繪畫及浮雕，蓮花的圖樣有長長的莖，長莖彎靠花朵，蓮花呈三角形。

在古埃及，這種三角形狀的蓮代表下埃及（埃及北部）， V 字形的蓮瓣象徵尼羅河三角洲，長長的莖則代表尼羅河本身。在浮雕及壁畫裡，不論是法老、皇后，甚至神靈，週遭都繪有藍蓮花，表示最崇高的敬意。

下圖是我在新埔一處稻田旁拍的蓮花，蓮花就是荷花，看荷花襯著尼羅河女兒，真是脫俗。

BELL

2002 / 11 / 28

31　　>20021201 尼羅河神哈皮 Hapy

收件人：<Undisclosed-Recipient:@msr.hinet.net;>
副本抄送：
主旨：尼羅河神哈皮 Hapy

Dear:

這是我在阿布辛貝神殿外牆上拍得一幅壁畫，清晰完整又美麗。

這位哈皮是尼羅河之神，他被描繪成一位國王，帶著代表帝王的奈邁斯頭飾和假鬍子，女性的胸部象徵他那賜予埃及生命的河水，原來阿布辛貝神殿就建在尼羅河旁，雄偉的神殿讓進貢的他國人民——進入尼羅河就震懾臣服，也難怪神殿壁上有尼羅河神壁畫……

埃及神很多，有幾個重要的神，我再陸續介紹……

BELL

2002 / 12 / 01

32　>20021202 埃及的曆法

收件人：<Undisclosed-Recipient:@msr.hinet.net;>

副本抄送：

主旨：埃及的曆法

Dear:

在埃及，導遊只說古埃及一天有 24 個小時，一星期 10 天，一個月有 3 個星期，一季有 4 個月，一年有 3 季。所以一年共有360天，剩下 5 天是神明的生日。

下圖是仿一張明信片上的埃及曆法圖案，不知你看出啥端倪？

BELL

2002 / 12 / 02

© 2003 Illustration by Bell

這是在尼羅河遊輪上用餐，舞台上方的曆法圖案，閃亮的金黃色很漂亮。

33   >20021202 微笑的拉姆西斯二世

收件人：<Undisclosed-Recipient:@msr.hinet.net;>
副本抄送：
主旨：微笑的拉姆西斯二世

Dear:

這是埃及超級偉大的拉姆西斯二世法老王，他在埃及境內蓋
了很多神殿，包括超級偉大的阿布辛貝神殿，他的雕像微笑
真迷人。電影「埃及王子」裡跟摩西對抗的法老王就是拉姆
西斯二世。

這座花崗石雕像就躺在孟斐斯博物館，其他雕像都擺放在戶外庭院裡，這博物館真小啊！

BELL

2002 / 12 / 02

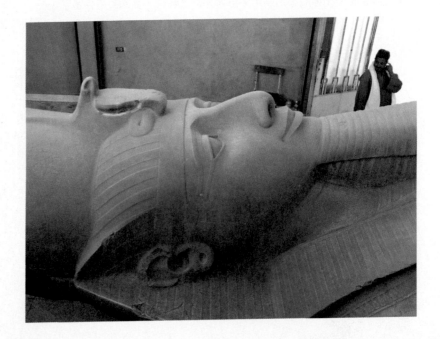

34　> 20021203 印和闐設計的階梯式金字塔

收件人：<Undisclosed-Recipient:@msr.hinet.net;>
副本抄送：
主旨：印和闐設計的階梯式金字塔

Dear:

電影〈神鬼傳奇〉裡，那個搞不倫又死後復活的的壞祭司印和闐，你知道他有多偉大嗎？

埃及有最古老的階梯式金字塔，有4700年歷史，就是印和闐設計的，他是建築、天文、醫藥的天才，而且他深受古埃及人的尊重與愛戴，在西元六世紀時還被尊奉為神明。

電影可真會瞎掰……

在階梯式金字塔的旁邊就是一望無際的撒哈拉沙漠，在我們後方還有四座金字塔隱約可見。

那隻驢等著讓觀光客騎著拍照用。那邊人都很窮苦，更別說是牲畜了……

BELL

2002 / 12 / 01

收件人：<Undisclosed-Recipient:@msr.hinet.net;>
副本抄送：
主旨：埃及法老王的墳墓區------帝王谷

Dear:

説來有點好笑，要去帝王谷陵墓參觀，有點像去遊樂園或遠足，因為地方太大，地形顯要，下了遊覽車，還要搭遊園車進入。

在埃及，不是所有法老王都被葬在金字塔，帝王谷是古埃及新王朝時期之法老王及其皇后和子女陵墓的所在地。帝王谷中陸續挖掘出來的陵墓有 64 座，最久遠的距今約有 3500 多年，其中 25 座為法老王的墳墓，開放給外界觀光的約為 10 座。

進入帝王谷的一張門票，可以參觀 3 座陵墓。驗票很嚴格，一張小紙片，進去一個陵墓，就撕開一小道痕跡，自己不小心多戳一道，就失去權益了，我親眼看見一家人，一家五口就有一個被擋在門外，怎麼拗都沒用。

導遊說，不是每個開放的陵墓都適合參觀，像圖唐卡門雖然名氣響亮，但是他的陵墓很邪門，從前第一批入墓者都得怪病死亡，傳說是被詛咒。

據說陵墓本來是為祭司所建，但因法老早夭而匆匆趕工完成供法老使用，壁畫顏料未乾即封墓，所以當顏料再接觸新鮮空氣時會就產生毒氣。因為出門在外安全第一，所以圖唐卡門墓我就沒進去了。

一般陵墓由入口傾斜直線深入地下直到墓穴（如下圖示），導遊在入口就會先解說，因為進去裡面很悶，空氣非常不好，磁場容易感應到「那種東西」的還會頭暈目眩，領隊參觀到第二個陵墓半途就先出來了，手裡拿了一串水晶手珠一直數，因為裡面有一具木乃伊……

可能也是因為天氣熱的關係，我們邊走進去，邊參觀壁畫，邊調整呼吸，因為裡面很暗，所以壁畫美麗的圖案，我都沒拍，只買了明信片做紀念。

人死後，還要一堆人幫他的來世做準備，要鑿石鑽洞畫壁畫，當奴才真的很辛苦。

還好我們生在太平盛世，大家都是自己的主人，也是自己的奴才。

BELL

36　　>20021206 埃及鳥頭神明 HORUS

收件人：<Undisclosed-Recipient:@msr.hinet.net;>
副本抄送：
主旨：埃及鳥頭神明 HORUS

© 2003 Illustration by Bell

Dear:

埃及鳥頭牌的神明可不是保佑男生的小弟弟哦，

牠是何露斯 HORUS 保護神，是法老王的守護者，

外形是一隻老鷹，代表創世及日出的太陽。

想知道牠的典故，是這樣的：

何露斯是神的孩子，為報殺父之仇，被打瞎了一隻眼睛，

成了獨眼老鷹。

「何露斯之眼」在古埃及是具有保護作用的圖騰，被廣泛運用在各種器物或裝飾品上，藉以祈求平

安順利，各神殿的浮雕，也都有「何露斯之眼」的圖案。

何露斯復仇的故事，使牠成代表為智慧、勇氣、成功的象徵，在埃及活著的法老王就是何露斯的化

身，死後的法老王則是何露斯爸爸歐賽里斯的化身。

認識何露斯之後，再介紹古埃及其他重要的神明時，可說是何露斯的親友團了。

何露斯之眼 — Illustration by Joyce

在《死者之書》畫中有很多何露斯之眼，我在埃及博物館的牆上拍了幾段紙莎草紙圖畫，美得不得了…… 可是因為圖掛在樓梯玄關處，太小又太高，我擔心脫隊聽不到導遊解說，搶了一點時間翻拍，拍得失焦了。

圖中是何露斯神殿的蘆葦草石柱及蓮花石柱、老鷹神雕像、壁畫。

「何露斯之眼」是友人 joyce 仿明信片圖案。

BELL

2002 / 12 / 08

收件人：< Undisclosed-Recipient:@msr.hinet.net;>
副本抄送：
主旨：滿牆孤寂的神明

Dear:

離開了才知道碰不上這種場面，除非再來一次。

這是何露斯神殿的牆壁，天那麼藍，襯得這些神明千年來遺世的孤寂，這一整片牆都是埃及的神明
耶，圖面小了，你會感受不到我邊走路邊「哇～」的震撼。

有部影片的一句對白很灰色：「我活著，只是在等待死亡……」人生在世也不過短短數十載，無法
學神明幾千年都只在看日出日落，想做什麼就積極去做吧！共勉！

BELL

2002 / 12 / 06

收件人：<Undisclosed-Recipient:@msr.hinet.net;>
副本抄送：
主旨：亮晶晶的少年仔法老------圖唐卡門

Dear:

到了埃及博物館，如果要選出參觀人氣指數最高的文物，當然非圖唐卡門的黃金面具及黃金棺材莫屬囉！他躺在那裡，不知怎麼想？年紀輕輕就掛了，幾千年後棺材被示眾，不知道這會不會影響他到來世的 plan？

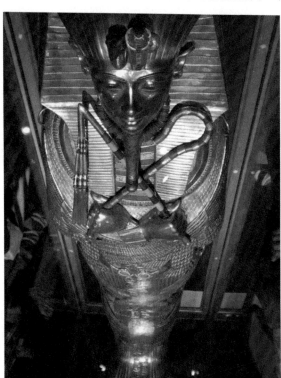

第一張照片是阮尢拍的，好有意思，因為可以看到我手拿數位相機在玻璃櫃上方拍他，四周有老人，有年輕人，有小朋友觀看，玻璃反射把大家都匯聚在一起了，我拍攝那張照片難得地對焦清楚，讓你分享圖唐卡門木乃伊黃金棺材閃亮亮的英姿。

BELL

2002 / 12 / 07

收件人：<Undisclosed-Recipient:@msr.hinet.net;>

副本抄送：

主旨：餐風露宿的曼儂雕像

Dear:

什麼叫做歲月不饒人，看到曼儂雕像，總免不了要唏噓一番。

要去帝王谷的路上，遊覽車載來這裡，遠遠就看見兩座破爛的大雕像，拍完照走近看，偉大的古蹟沒有任何保護措施，殘破的臉孔好像受到懲罰，就像滿清十大酷刑，慢慢折磨人，讓你求生不得，欲死不能……

我買的一本埃及古今對照畫冊《 EGYPT　THEN　AND　NOW 》（ Versandkontor Lauxmann & Lauxmann），內容是現代看到的古蹟「恢復原形」加上原貌。曼儂雕像身後本來有座神殿，現在已經風化完全不見蹤跡，在另一幅 19 世紀水彩寫生畫中，曼儂神像泡在水裡，更是淒涼。

如果這是一對夫妻的晚景，雖然餐風露宿，只要能 together 就夠了吧！

水彩畫圖片引用自《 A JOURNEY IN EGYPT 》（bonechi出版）

BELL

2002 / 12 / 08

收件人：<Undisclosed-Recipient:@msr.hinet.net;>
副本抄送：
主旨：木乃伊的由來

Dear:

對古埃及人來說，死亡只是生命的中斷，而不是結束。

人死後並不就此消失，會進入另一個比今生更為美好的永恆生命。

可是，為什麼屍體要花那麼多功夫處理？還用麻布綁成木乃伊？光做木乃伊就要花 70 天，木乃伊怎會復活？

這故事很有趣，是老鷹神何露斯跟他的叔叔賽特戰爭的故事。

在埃及最古老的神有 4 尊，他們是四個兄弟姊妹，哥哥叫歐賽里斯 Osiris，姊姊叫愛西斯 Isis（有人稱做伊西斯神），弟弟叫塞特 Set，妹妹叫妮菲蒂斯 Nephtis。

在古埃及，兄弟姊妹都互相結婚，哥哥歐賽里斯跟姊姊愛西斯結婚，弟弟塞特跟妹妹妮菲蒂斯結婚。歐賽里斯跟愛西斯是好人，很受人民尊敬，但是塞特是一個反派，不得人緣，所以塞特一直很妒忌他的哥哥歐賽里斯，老是想法子要幹掉哥哥，這樣他就有機會可以跟姊姊愛西斯結婚。

有一次，塞特選了一個熱鬧的節日，邀請很多朋友到他家，包括哥哥歐賽里斯。塞特訂做了一個非常漂亮的棺材，刻意把棺材的大小做得跟他哥哥的身材一樣，然後在宴會上跟大家說，每個人都可以試試這個漂亮的棺材，誰最適合，棺材就送給誰。

朋友試了都不適合，等歐賽里斯一躺進去，塞特馬上把棺材蓋蓋上，立刻把他哥哥弄死，他哥哥的屍體被分成 14 塊，每一塊放在不同的地方，這樣歐賽里斯的靈魂就找不到他的身體，就無法復活。歐賽里斯死了以後，愛西斯神找不到他，當時很多神都來幫愛西斯神找歐賽里斯，終於把他的 14 塊屍體找齊了，並且用布包裹起來，愛西斯神向太陽神禱告，求太陽神讓歐賽里斯復活。

奇蹟出現，歐賽里斯復活了，還讓愛西斯神懷孕生下了老鷹神何露斯，後來愛西斯神告訴長大成人的何露斯，他的父親是被叔叔塞特害死的，何露斯就展開報仇行動，何露斯當然打贏了……

這又是另一個故事了……

因為這傳說，古埃及人相信：屍體用麻布綁成木乃伊，會死後復活。
還記得電影《魔蠍大帝》把靈魂跟阿努比斯交換死神兵團打天下的情節嗎？
順便介紹埃及重要神明——阿奴比斯。
阿努比斯 Anubis，黑胡狼或犬頭人身外型，是往生後，墓地引魂的守護神。
他就是賽特（何露斯的壞叔叔）與奈芙緹絲的兒子，木乃伊的創造者。
祂引導死者的靈魂到審判的地方，同時監督審判，使死者免於第二次的死亡。（死者之書有很棒的圖畫）下圖是我仿壁畫阿奴比斯照顧木乃伊。

BELL

2002 / 12 / 10

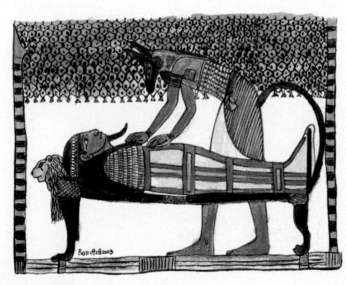

© 2003 Illustration by Bell

收件人：<Undisclosed-Recipient:@msr.hinet.net;>
副本抄送：
主旨：柯歐普神殿眾神明

Dear:

埃及一堆神明，可把我搞得頭大，一段時間了，這些神明可能也認識我了。

這張圖片是柯歐普神殿一片牆，圖形清晰美麗，只是有些煙薰過的痕跡，因為以前阿拉伯人住過這兒。由圖面左至右，跟各位介紹一下：

★1.孔蘇 Khonsou：月神，醫療之神，頭頂月盤與新月。　★2.哈托爾 Hathor：愛與豐饒的女神，婦女的保護神。外形是母牛，或長有牛角或牛耳的女神，是古埃及所有女神中最美的。　★3.法老王。
★4.巴斯特 Bast（Bastet）貓神。　★5.何露斯 Horus 鷹神，王權的守護者，外型幻化成為鷹；為歐塞里斯與愛西絲之子，法老就是人間的何露斯。　★6.最右邊的神應該也是何露斯，或法老王（因為權杖旁邊一行字，不知是否法老名字？）

ps:看來我還會繼續頭大……

BELL

2002 / 12 / 10

收件人：<Undisclosed-Recipient:@msr.hinet.net;>
副本抄送：
主旨：今昔柯歐普Kom Ombo神殿

Dear:

柯歐普（Kom Ombo）意思是「黃金小山丘」，因為在這兒發現很多黃金，難怪古埃及都是金碧輝煌，閃亮閃亮！

以前古埃及人跟努比亞人做生意時，這個城市很有名，希臘羅馬時期，在這裡建造了城市，很多人居住在此。但因為它靠近尼羅河旁，河水不斷氾濫，這個城市就不見了，只留下柯歐普神殿而已。

這是埃及唯一有兩個門口的神殿，一般古埃及的神殿都只有一個門，但是這座神殿是為兩位神蓋的，才有兩個門。

右半邊是為鱷魚神索貝克蓋的，左半邊則是為老鷹神何露斯蓋的。

奇怪？為什麼一個神殿蓋給兩個神？導遊說：「因為大家怕鱷魚神，希望貢奉祂不要吃人，但是貢品還是少，不過大家喜歡何露斯，貢品就很多，這樣就可以均衡一下。」我在神殿的一邊拍照留影，才發現以前神殿被淤泥覆蓋了一大半 …… 恢復古蹟風貌真是不簡單。

水彩畫圖片引用自《 A JOURNEY IN EGYPT 》（bonechi出版）

BELL

2002 / 12 / 12

收件人：<Undisclosed-Recipient:@msr.hinet.net;>
副本抄送：
主旨：天空女神 Nut

© 2003 Illustration by Bell

Dear:

這是仿帝王谷裡拉姆西斯六世 Tomb of Ramses VI 陵墓的壁畫。畫面上是天空女神 Nut、太陽之母、天空與天堂女神、死者的保護神，是巨大捍衛天穹的女巨人。

她的身世是這樣：舒（空氣神）和泰夫努特（濕氣神）所生的女兒，她嫁給了蓋布（土地神）。

原本天空跟土地是合在一起，但因為空氣介入了，就把天跟地分開，天跟地又生了四個小孩，也就是歐塞里斯、愛西絲、賽特、奈芙緹絲。

通常天空之神 Nut 被畫成一具有藍色皮膚的女人，身體含有星星，四肢撐在地面，表示天空在地球上的弧度。這是古埃及的創世紀傳説之一， 這些圖畫真是很有想像力。

BELL

2002 / 12 / 11

© 2003 Illustration by Bell

44　　>20021212 有馬、騾、驢及汽車的馬路

收件人：<Undisclosed-Recipient:@msr.hinet.net;>
副本抄送：
主旨：有馬、騾、驢及汽車的馬路

Dear:

馬路是給馬走的路？還是車走的路？

在埃及大大小小城鎮，馬、騾、驢仍是重要的運輸工具，在路上看過馬被撞傷倒在路上的慘狀，真是馬路如虎口，連馬都躲不過。

BELL

2002 / 12 / 12

45　　＞20021212 何露斯生命中重要的兩個女人

收件人：<Undisclosed-Recipient:@msr.hinet.net;>
副本抄送：
主旨：何露斯生命中重要的兩個女人

Dear：

老鷹神何露斯生命中重要的兩個女人，一個是親娘愛西絲女神，一個是枕邊人哈托爾女神。各位先不要擔心兩個女人的婆媳問題，先來了解如何分辨這兩個女人？有些壁畫我看得霧煞煞，好在導遊說明，解除了我的疑惑。

愛西斯女神和哈托爾女神，兩個人的頭頂都畫了兩隻角包著中間一個太陽的圖案，如何分辨？
哈托爾神頭頂上就只有太陽，可是愛西斯神頭頂上的太陽上面，有時會雕刻一個小小的寶座，也就是國王的寶座，或者沒有寶座，但旁邊有代表國王名字的橢圓形框框裡，如果有國王的寶座，也表示這是愛西斯神。
妳猜，圖中最左邊的女神是誰？

BELL

2002 / 12 / 12

46　〉20021212 何露斯的爸媽歐塞里斯 Osiris 與愛西絲 Isis 和叔叔塞特 Set 嬸嬸妮菲蒂斯 Nephtis

收件人：<Undisclosed-Recipient:@msr.hinet.net;>
副本抄送：
主旨：何露斯的爸媽歐塞里斯Osiris與愛西絲Isis和叔叔塞特Set嬸嬸妮菲蒂斯Nephtis

Dear:

即使是神明也有爸媽。

知道了木乃伊的典故，就比較容易瞭解這些神明之間的關係。

再介紹老鷹神何露斯的爸媽 —— 歐塞里斯 Osiris 與愛西絲 Isis，這兩位重量級神明。

歐塞里斯 Osiris 是豐饒之神，專管農作物種植，也是埃及古文明賜予者，
後來又成為冥間之王，他的外型就像圖片中的法老外型，一般人死後，
必須經過歐塞里斯審判決定來世是否可得永生。

一般壁畫中，若是他的臉上塗有綠色顏料，則表示在復活中或已經復活。

愛西絲 Isis 也是守護死者的女神，同時也是民間掌管生命與健康之神，祂是歐塞里斯的老婆，老鷹
神何露斯的媽媽，奈芙緹絲的姊妹。

她是埃及神話中最重要亦最受歡迎的女神，如果看到一名女性正在哺乳的神像，也代表愛西絲。

© 2003 Illustration by Joyce

在埃及神話裡，愛西絲就是王座，連法老王登基也要坐上愛西絲的大腿，吸吮她的乳房，以得到王者的養分，通常這些哺育畫面會出現在法老王出生、登基與死亡時，確保母神指引他平安過渡重要的人生階段。

歐賽里斯 Osiris 弟弟叫塞特 Set，愛西斯 Isis 的妹妹叫妮菲蒂斯 Nephtis，在古埃及時兄弟姊妹都互相結婚，哥哥歐賽里斯跟姊姊愛西斯結婚，弟弟塞特跟妹妹妮菲蒂斯結婚，哥哥姊姊結婚生下鳥頭神何露斯，弟弟妹妹結婚生下狗兒子阿奴比斯，這樣就清楚了六位神明的關係。

左圖是友人 joyce 仿明信片陵墓壁畫妮菲蒂斯 Nephtis，下圖是我仿明信片裡的陵墓壁畫，歐塞里斯 Osiris 是左邊那一位。

BELL

2002 / 12 / 12

© 2003 Illustration by Bell

47 > 20021212 沙漠公路的時速限制

收件人：<Undisclosed-Recipient:@msr.hinet.net;>

副本抄送：

主旨：沙漠公路的時速限制

Dear:

出路克索走沙漠公路，這是當地的車
種時速限制，路不寬，尤其有砂石隨
時上路，翻車的事故也免不了，在沙
漠，最可怕的應該是恐怖份子吧！

BELL

2002 / 12 / 12

48　　>20021212 阿匹斯聖牛

收件人：<Undisclosed-Recipient:@msr.hinet.net;>
副本抄送：
主旨：阿匹斯聖牛

Dear:

阿匹斯（Apis）聖牛象徵豐饒及生產力，外形是戴有太陽和聖蛇的公牛神，目前在孟斐斯有神牛墓，所埋葬的就是這些阿匹斯聖牛。這是帝王谷陵墓的壁畫明信片，台灣也是以農立國，卻沒聽說有拜牛神的。

另一張圖是國家地理雜誌 2002 年 10 月號介紹薩卡拉出土的聖牛，一尊國王的雕像就在一頭母牛的下方。

BELL

2002 / 12 / 11

收件人：<Undisclosed-Recipient:@msr.hinet.net;>
副本抄送：
主旨：埃及神明夫妻檔--瑪特Maat和托特Thoth

Dear:

埃及重要的神明又有一對夫妻檔 ── 瑪特 Maat 和托特 Thoth。

在神殿及陵墓的壁畫多有祂倆的畫像。

托特有時候頭頂月盤與新月，就又變成了月神，醫療之神孔蘇Khonsou。

這麼會變身，我都搞混了……

很多圖畫裡可以看到頭戴一支羽毛的女神，就是瑪特 Maat，祂代表正義、整理、秩序。

瑪特 Maat 的丈夫就是托特 Thoth，祂是計算學問與智慧之神，外形是紅鷺帶著筆及捲軸，也是文字發明者。

在死者之書的審判畫面，有一幕是死者的心臟和瑪特 Maat 的羽毛一起放在天秤的兩邊稱重，接受檢驗哦，而托特 Thoth 手持捲軸跟筆在旁邊做記錄。

這些圖片是仿明信片陵墓壁畫。

BELL

2002 / 12 / 12

50　　＞20021212 穿百褶裙的小學生

收件人：<Undisclosed-Recipient:@msr.hinet.net;>
副本抄送：
主旨：穿百褶裙的小學生

Dear:
在路克索去帝王谷路上，正好有小學生放學經過，看她這打扮真可愛。小孩長得快，衣服永遠大一號，百褶裙永遠是個困擾，洗了沒燙沒稜角，坐著還要把摺痕用雙手順在臀部才能坐下 ……
呵呵，當下在埃及荒郊憶及了台灣的童年。

BELL
2002 / 12 / 12

51 ﹥20021212 浪漫的敬意

收件人：<Undisclosed-Recipient:@msr.hinet.net;>

副本抄送：

主旨：浪漫的敬意

Dear：

古埃及拜神不是用香，而是用香香的蓮花，幾乎所有壁畫的法老王都手持蓮花給神明聞香。

下圖是仿阿布辛貝神殿壁畫，由拉姆西斯二世獻花給愛神哈托爾，也就是何露斯的老婆。真是浪漫的敬意……

BELL

2002 / 12 / 11

© 2003 Illustration by Bell

收件人：<Undisclosed-Recipient:@msr.hinet.net;>
副本抄送：
主旨：愛神哈托爾 Hathor

Dear:

還記得崔苔菁唱的：「愛神～愛神～嗚～嗚～～」，一身銀色閃亮流蘇埃及艷后裝，讓小朋友看了都會模仿。愛神，確實有這個神，祂就是老鷹神何露斯的老婆哈托爾。也是一頭母牛神……
下圖是艾德夫神殿壁畫及仿 Nefertari 的陵墓壁畫。

BELL

2002 / 12 / 12

收件人：<Undisclosed-Recipient:@msr.hinet.net;>

副本抄送：

主旨：驍勇的拉姆西斯二世

Dear:

戰爭時，大家都在想要撤退去哪裡？

只有拉姆西斯二世往前衝！衝！衝！所以才有這麼輝煌的戰績。

這是在阿布辛貝神殿內的壁畫。

BELL

2002 / 12 / 12

收件人：<Undisclosed-Recipient:@msr.hinet.net;>
副本抄送：
主旨：No Flash!Do'nt Touch!

Dear:

明明都知道，在美術館或博物館內，有玻璃就一定會反光，用閃光燈拍不到東西，而且閃光燈對典藏品也是一種化學傷害，可是每次一定會聽到駐館人員大喊：NO FLASH！不理會規定而拍照，真是世界通病！

在開羅博物館參觀，那個舉紅傘的導遊很賣力在講解圖案的意義。想起在巴黎奧塞美術館參觀時，一群日本人井然有序地移動，遠遠望去，導遊好像在自言自語，後來才發現大家全戴了耳機，導遊用小蜜蜂機器解說每一幅畫，以不影響其他人為原則。

西方人很隨性，大家隨地而坐聽解說。我們那一團法國導遊（講中文）講到一半，發現陌生東方面孔湊過來聽，就告訴他們，這是團體付費，請他們離開。原來是彼岸的大陸同胞，他們私底下問了價錢，然後說好貴，一夥人悻悻然離開。埃及博物館人潮總是不斷，而且人擠人，要逛這兒，需要很體力及耐心。

BELL

2002 / 12 / 13

55 ＞20021214 卡那克缺頭的神像

收件人：<Undisclosed-Recipient:@msr.hinet.net;>
副本抄送：
主旨：卡那克缺頭的神像

Dear:

卡那克神殿很多殘缺的神像，這個頭，在哪裡？大概是在博物館，大英博物館？羅浮宮？開羅博物館？我想祂是無語問蒼天了⋯⋯

BELL

2002 / 12 / 13

56　　>20021214 尼羅河是愛西絲 Isis 神
的眼淚

收件人：<Undisclosed-Recipient:@msr.hinet.net;>
副本抄送：
主旨：尼羅河是愛西絲Isis神的眼淚

Dear:

中國的孟姜女可以哭倒長城，古埃及的愛西斯神也可以哭出一條尼羅河，女人真是夠勁啊！

關於女神愛西絲Isis還有一個傳說，尼羅河神名叫奧西里斯（Othrys），祂讓古埃及風調雨順，人民富足，後來奧西里斯不幸被害死，祂的妹妹，也是祂的老婆愛西絲Isis傷心得不得了，時常哭得稀哩花啦，她的眼淚匯聚成尼羅河的洪水，導致泛濫成災，後來她被接引到天上，就成為現今的處女座。

真神奇！ 用小畫家畫的圖。

BELL

2002 / 12 / 13

57   > 20021214 麥克賣可樂

收件人：<Undisclosed-Recipient:@msr.hinet.net;>
副本抄送：
主旨：卡那克缺頭的神像

Dear:

這個PARTIR 雜誌廣告好cool，
麥可傑克森的招牌動作加上埃
及壁畫，這是麥可賣可樂嗎？

BELL

2002 / 12 / 13

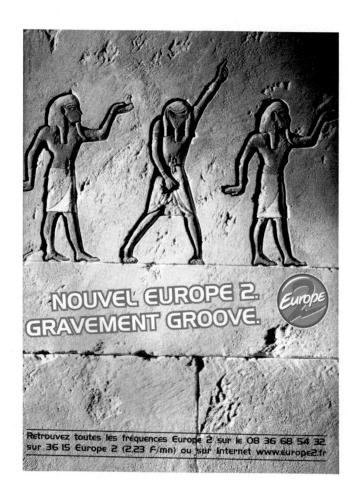

```
58      >20021214 開羅擦鞋匠
```

收件人：<Undisclosed-Recipient:@msr.hinet.net;>
副本抄送：
主旨：開羅擦鞋匠

Dear:

抵達開羅的一天，就發生異味事件，濃濃的燒稻草味，散不開。

清晨是一片灰，以為是霧，到了中午，日頭當前，驅散一些，晚上可朦朧了，我以為是沙塵暴或是稻草燒不完。

導遊說埃及本來就這樣，沙漠型的氣候讓開羅隨時籠罩在一片沙塵之中。

也難怪到處都有擦鞋匠。

BELL

2002 / 12 / 14

59   >20021214 墳墓區的兒童遊樂場

收件人：<Undisclosed-Recipient:@msr.hinet.net;>
副本抄送：
主旨：墳墓區的兒童遊樂場

Dear:

路克索的帝王谷是國王的墳墓區，附近產雪花膏石及大理石，工廠也很多，是個小城鎮。

沒想到以前安葬死人的地方，現在因為觀光業發達，聚集一堆活人以此維生。

要去參觀墳墓的路上，看到這個陽春的遊樂園反應出童年很重要，小朋友也有遊樂的需要。

BELL

2002 / 12 / 14

收件人：<Undisclosed-Recipient:@msr.hinet.net;>

副本抄送：

主旨：蓮花造型的開羅塔

Dear:

從住的 Hilton 飯店可以看到尼羅河岸風光，以及遠處開羅的地標開羅塔，我們在尼羅河遊輪上用餐並且欣賞肚皮舞及旋轉舞。

郵輪裝飾得像古埃及御用輪船，侍者裝扮成僕役，肚皮舞孃隨著音樂扭動小蠻腰，旋轉舞則像個陀螺一樣打轉，並且不時把腰上那一層衣服轉到頭上去，真厲害！

吃飽了，也看完秀，到甲板上又遇到彼岸的同胞，那中年人跟我吹噓說他們上海夜景比這美多了，

台灣城市就差多了…… 我能怎麼說呢？

都已經是地球村了，不都一樣是生物嗎？還分那麼多……

BELL

2002 / 12 / 14

61　　>20021214 戴假髮穿薄紗的美人

收件人：<Undisclosed-Recipient:@msr.hinet.net;>
副本抄送：
主旨：戴假髮穿薄紗的美人

Dear:

這在博物館是非常有名的雕像；因為這女人顯示當時古埃及的審美觀。

一是戴假髮、二是穿薄紗有激突、三是戴項鍊和頭飾、四是豐腴就是美。像我在埃及一點艷遇的感覺也沒有，因為要身材夠份量，福福泰泰才能討男人歡心，女人豐滿也證明男人財富多。

我們的領隊有豐腴的體態，一開口叫男人「哈逼逼」（意即親愛的），買東西馬上得到自動降價的待遇。

連住三天郵輪的服務生對她服務都特別殷勤，還約她喝咖啡咧！

當地婦女也多是圓滾滾的身材哦！

BELL

2002 / 12 / 14

收件人：<Undisclosed-Recipient:@msr.hinet.net;>
副本抄送：
主旨：Book of the Dead by Bell

Dear:

在電影〈神鬼傳奇〉裡，有提到《死者之書》（Book of the Dead），書裡有很多教人如何通過重重考驗的神奇咒語與方法，通常人死後，會將它放在死者的身邊。

目前收藏在英國大英博物館的一本名為《阿尼的紙草書卷》（The Papyrus of Ani），長約78呎，是現存最大、說明與保存最完整的「死者之書」。

去埃及，有百分之九十九是衝著這本書來的，打從從結婚以後，好像一生就從此安定了，我開始想審判自己。

所以畫一本自省的圖畫書顯然就是必須了，我訂下初步的大綱：

1. 元神出竅：以我的夢開場，仙女說只要妳說出三個夢想，就可以實現。我說可是我沒有夢啊！然後就驚醒了。

2. 接受審判：我和我的神一起喝咖啡，暢所欲言，神明會開始打分數，譬如食神就會說吃東西必須吃到原來的美味，而不是昂貴飲食或暴飲暴食。愛神會說親情、友情、愛情有很多種，每一種是不是都盡興了很重要（神有愛神、食神、智慧、保護、行動、閱讀、美神、財神、健康、自在……還在列舉當中。）

3. 前世作為：人活著為了愛，愛以不同形式表現出來，把我休閒的體驗，如閱讀、DIY創作的經驗都列出來……

4. 開悟：在不同成長階段影響我的事物。

5. 前世情來世緣：我的好友們，我要預約下輩子再來當一次朋友或家人……

6. 判決：我的靈魂通過自己的考驗。

7. 遺物：我自製的79萬里拉的書櫃，所有我做的書。

8. 喝孟婆湯：忘了這一切，重新再來。

9. 轉世：再當一次自己。

這是目前想到的，我自己的死亡之書，兩年前，就想反省，現在自己更清晰了，妳們應該了解我是想自省而不是自毀。

所以，到我老以前，還有好多事要做。

附圖是開羅博物館展示的紙莎草紙《死者之書》局部。

這些圖案真讓人驚為天人！

BELL

2002 / 12 / 16

收件人：<Undisclosed-Recipient:@msr.hinet.net;>
副本抄送：
主旨：讓人發夢的艾德夫神殿

Dear:

這是祭祀何露斯的神殿，塔門太大，鏡頭不夠廣角，只好一邊各拍一張。襯著藍天白雲，真有說不出的神秘，要不是現場還有觀光客，你可以感覺神要從牆面跳出來，然後漫畫《尼羅河女兒》的情節隨時可以上身。

為什麼會想來這裡？冥冥之中，古埃及一定跟妳有前世今生，妳永遠都是女主角，不會是婢女，回來是要解開古埃及千年之謎 …… 挖什麼金字塔，解剖什麼木乃伊，考什麼古？

妳跳下尼羅河，所有謎底都揭曉 ……

呵呵，偶爾發夢也很好！

BELL

2002 / 12 / 17

收件人：<Undisclosed-Recipient:@msr.hinet.net;>

副本抄送：

主旨：Kom Ombo 神殿門邊浮雕

Dear:

果舉目四望，處處有神明，心裡的歹念是不是會少一些？

Kom Ombo 神殿是在希臘羅馬時期由托勒密二世興建，這一扇門的浮雕是埃及豔后和她的父親托勒密十三世建造敬供諸神。

旁邊有象形文字，最左邊是埃及豔后克麗奧派翠拉。

BELL

2002 / 12 / 24

在神殿入口，仰頭望向蒼穹，真是美得不的了。

收件人：<Undisclosed-Recipient:@msr.hinet.net;>
副本抄送：
主旨：舉頭三尺有神明

Dear:

古埃及最主要的神明都在下圖了。還記得我介紹過的是哪些嗎？

你信神嗎？信神得永生。我想這句話是叫大家有信仰，心中不要有雜念。

若真天塌了，神明會來頂著，也挺好。

下圖是紙莎草紙明信片，以及《尼羅河女兒》漫畫的神明擬人化。

BELL

2002 / 12 / 24

下面這些郵票是在埃及博物館買的，很多代表物，像老鷹、金字塔、神像、法老王、神話故事等等……美麗得不得了。

下面100張不同的郵票，雖然有圖案相同，可是價錢不一樣，所以它還是不同。

集郵樂，樂無窮，你都蒐集些什麼？

BELL

2003 / 01 / 15

> 68   >20030122 我愛大老婆，拉姆西斯二世

收件人：<Undisclosed-Recipient:@msr.hinet.net;>
副本抄送：
主旨：我愛大老婆，拉姆西斯二世

Dear:

全天下的國王君主都一樣，除了權力還要有很多女人。但是女人是要疼的，不是打發時間用的。

在埃及有幾位法老王很愛大老婆，拉姆西斯二世就是其中之一。

以世俗的觀點來看，愛一個女人，可以讓她在精神上，肉體上，還有物質上得到滿足。

拉姆西斯二世愛大老婆，有幾樣不動產證明：

1. 為她建造一座神殿：

　　在阿布辛貝有兩座神殿，左邊是給拉姆西斯二世，右邊另一座就是給大老婆 Nefertari，裡面祭

　　祀的是大老婆最愛的愛神。

　　下圖在阿布辛貝神殿前坐著的就是拉姆

　　西斯二世，腳邊就是大老婆 Nefertari。

2. 在路克索陵墓區內，有最美麗的壁畫就是 Nefertari 的陵墓。

這是後人可以看到的，愛可以形而上，也可以具體一點。

你呢？都怎麼對愛人？

先不要送她房子，偶爾來朵玫瑰花吧！

下圖為我在 Nefertari 的神殿內，柱子上的妹妹頭是不是很 cute？

BELL

2002 / 01 / 22

```
69      >20030123 太陽巡視的象徵
                ------古埃及方尖碑
```

收件人：<Undisclosed-Recipient:@msr.hinet.net;>
副本抄送：
主旨：太陽巡視的象徵----古埃及方尖碑

Dear:

方尖碑到底代表啥？古埃及崇拜太陽神，認為祂是宇宙的創造者，而方尖碑和金字塔則是代表太陽碑石中最有名的傑作。

金字塔是黑暗和死亡的象徵，代表落日，方尖碑就是光和生命的象徵，代表太陽每天巡視人間。

方尖碑是一體成形的，除了石材要好，刻上美美的圖案後，要怎麼運送並且豎立起來是一大學問。

埃及政府送了很多根古埃及的方尖碑給好多國家，其中一根就豎立在巴黎協和廣場上。

2001年去巴黎時，正好法國政府用金箔在裝飾具有紀念性的雕像及文物，

下面兩張圖：方尖碑上的銘文及象形字部份都亮晶晶，連聖女貞德也是金光閃閃……

近看古埃及這些方尖碑上的象形文字真的很美又有智慧的樣子。

埃及的墓碑有這麼美嗎？對不起，我只看到壁畫棺槨，沒看到墓碑。

看到石頭上刻痕，才想起很久沒刻印章了⋯⋯ 呵！

BELL

2003 / 01 / 23

收件人：<Undisclosed-Recipient:@msr.hinet.net;>
副本抄送：
主旨：我也愛大老婆-----阿肯那頓Akhnaton

Dear:

古埃及有一個最漂亮的皇后叫做Nafetiti 妮菲蒂蒂，他是 Akhnaton 國王（西洋梨身材雕像）的妻子。他倆可是一見鍾情，天雷勾動地火的來電…… 他倆只拜太陽神，信仰單純，生了一堆兒女，承歡膝下。

下面這張阿拉伯錢幣上的人頭就是Nafetiti，臉頰消瘦而頸項長，老是在引領而望……九頭身的美女。Nafetiti 的埃及文是「美麗的女人」的意思。
在埃及有很多Nafetiti頭像做成項鍊墜子。
我只帶回紙幣一張。

BELL
2003 / 01 / 23

71   >20030129 金字塔聲光秀上演千年的孤寂

收件人：<Undisclosed-Recipient:@msr.hinet.net;>
副本抄送：
主旨：金字塔聲光秀上演千年的孤寂

Dear:

入夜後，緊鄰綠洲的沙漠溫度驟降，咬緊牙，手臂豎起雞皮疙瘩……

金字塔的聲光秀雖然很商業化，收門票 25 元美金，帶相機還要加錢。

露天場地排排坐，配合音樂＋音效＋英文旁白＋戲劇性對話，然後五顏六色燈光及雷射投射在金字塔及獅身人面像，相機閃光此起彼落，一個小時後就走人……

即使如此，聲音飄在冷風中，仿若古老的靈魂隱沒在埃及上空，訴說著歷史已經無法重新上演了，空曠的沙漠揚起的砂塵呼應著，景物依舊，人事全非啦！

英文聽起來是很吃力的，索性都不去翻譯，當它和風一樣的律動，竟有一絲千年的孤寂。

BELL

2003 / 01 / 29

72　　>20030211 飛往黃金天堂的不死鳥

收件人：<Undisclosed-Recipient:@msr.hinet.net;>
副本抄送：
主旨：飛往黃金天堂的不死鳥

Dear:

看過《阿飛正傳》Days of Being Wild嗎？

『這世上有一種沒有腳的鳥，一生都在飛，倦了在風裡睡，它一生只會著地一次，那便是它生命終結之時。』 這段話是阿飛拿來騙女人時說的，下面這隻不死鳥正好跟阿飛相反……

在圖唐卡門的黃金棺槨有一女人跪坐展翅，好似死者靈魂會依附在華麗的翅膀上，飛到天堂。

阿飛臨死前說：『有一種小鳥從一開始飛，就會一直飛著，一直飛到牠死的那一天才會掉下來，其實我錯了，它哪兒也去不了，它一開始就已經死了。

我曾經說過不到最後，我都不知道我最愛的女人是誰？

現在我知道了，只是不曉得她過得好不好？』

BELL

2003 / 02 / 10

```
73      >20030212 翹鬍子到來世
              ------圖唐卡門黃金面具
```

收件人：<Undisclosed-Recipient:@msr.hinet.net;>

副本抄送：

主旨：翹鬍子到來世------圖唐卡門黃金面具

Dear:

圖唐卡門年紀輕輕就死了，一定是被毒害的，而且他是獨尊一神的阿肯那頓兒子，想必是被斬草除根……

導遊說，有些東西是在人死前就準備好來世用，有些是死後才製作的陪葬品，怎麼分辨呢？

法老王的鬍子代表權力，若雕像的鬍子是翹的，代表這雕像是法老王死了才製作，若鬍子是直的，則代表法老王生前就做好了雕像。

這個圖唐卡門的鬍子是翹的，所以是法老王死後才做的雕像。學問好多哦！

BELL

2003 / 02 / 12

```
74      >20030213 黑悠悠的努比亞人
```

收件人：<Undisclosed-Recipient:@msr.hinet.net;>
副本抄送：
主旨：黑悠悠的努比亞人

Dear:

在埃及南方有很多黑悠悠的努比亞人，他們的皮膚就像阿兵哥擦的皮鞋一樣黑得發亮。

在亞斯文搭小風帆，掌舵的是身著白色長袍，一老一少兩個努比亞人。

這船很神奇，沒有任何馬達之類的動力，只靠帆布跟幾根棍子，跟風⋯⋯ 很環保，又很悠閒。

我們八個人在帆船上很安靜地遊尼羅河（畢竟還是陌生人，沒怎麼交談），這麼安靜只有水流聲。

船帆在空中緩緩張開、降落，吃飽了風，輕巧無聲
地向前滑行，努比亞人也坐著抽煙休息，眼睛看到
很遠的地方，很想問他在想什麼！

我想像他那樣只聽水波動聲，一定可以思考很多事
情，搞不好他是個哲學家。埃及的男人多半穿米白
長袍，卻很少有髒兮兮的，而且也很少穿鞋⋯⋯
男人穿長袍，其實很有味道。

BELL

2003 / 02 / 13

收件人：<Undisclosed-Recipient:@msr.hinet.net;>
副本抄送：
主旨：瞎拼的天堂，卡利利傳統市集

Dear:

這是開羅很大的傳統市集卡利利，注意喔！街道中央上方有一幅畫，畫中女子就是阿肯那頓法老王的愛妻 Nafetiti 妮菲蒂蒂。

這個古市集距今已有 600 多年歷史，所有在埃及買得到的東西，這裡都有。卡利利共有 4000 多個商店和攤位，每家店停留 1 分鐘，走完一遍就要 4000 分鐘，相當於 66 個小時。

我光在新竹假日花市，就能逛一下午了，何況到了異國？不過導遊只給我們 2 小時…… 這怎麼夠？

同團的隊友早就有目標，要買香精、戒子、項鍊墜子、水晶玻璃瓶、紙莎草紙、水煙、傳統衣服、大理石、木雕…… 有些墜子是埃及豔后、妮菲塔莉、妮菲蒂蒂、法老王、生命之鑰、聖甲蟲、王名框等等，各式各樣精巧的造型都好美，一團人氣勢夠比較好殺價，眼看大家買了香精，玻璃瓶，墜子，戒指……

結果我還是買了 T恤…… 哈！2 小時只夠我內心七上八下。

BELL

2003 / 02 / 13

76　　>20030220 一字眉先生 vs 鳥字眉小姐

收件人：<Undisclosed-Recipient:@msr.hinet.net;>
副本抄送：
主旨：一字眉先生vs鳥字眉小姐

Dear:

最近上演一部電影《揮灑烈愛》Frida，演的是墨西哥最著名的女畫家佛烈達卡蘿的故事，她有一雙「鳥」形眉，這讓我又想起了埃及航空的一字眉先生，他是埃及航空地勤人員負責運送我們的機場行李箱。心情很補路的時候，看些名人的自傳很有正面效果，因為這些自傳多有「我如何白手起家」的寓意，想想自己沒「成功」，多半是因為太懶、太安逸，或不夠慘所致。

「鳥」形眉小姐有很多自畫像（下圖引用自《墨西哥傳奇女畫家卡蘿》藝術家出版社）因為她受傷不能走動，只能看著鏡子畫自己，畫很多個自己……　人來到世上真是受苦的，唯有心中充滿愛充斥熱情，才有活下去的力量。大家要多想辦法愛自己也愛別人哪！

BELL

2003 / 02 / 19

```
77      >20030221 埃及屋頂上的小耳朵
```

收件人：<Undisclosed-Recipient:@msr.hinet.net;>
副本抄送：
主旨：埃及屋頂上的小耳朵

Dear:

這是在埃及亞歷山大城一處羅馬石柱古蹟旁的風光，吸引我的除了曝曬的五顏六色衣服外，還有屋頂上的小耳朵及電視天線（因為要拍攝兩座傾頹的雕像，所以這角度天線較稀疏。另一邊小耳朵可多著呢！）

其實，在台灣站從高一點的地方看，屋頂上也到處是天線及小耳朵，這畫面好像楚浮電影《華氏451度》的場景，政府禁止百姓看書，不要思想，只能看電視，所以藍天白日之下，感受到一片死寂。嗚呼哀哉！

BELL
2002 / 12 / 24

78　　　>20030222 卜塔 Ptah
　　　　　------萬物的創造者

收件人：<Undisclosed-Recipient:@msr.hinet.net;>
副本抄送：
主旨：卜塔Ptah------萬物的創造者

Dear:

埃及還有一位重要的神沒介紹到，祂叫做 Ptah，古埃及文物這麼精美，大半功勞歸祂，因為祂是萬物創造者，也是工匠之神。

通常以一蓄鬍且戴無邊帽的男人木乃伊形象出現，手握著 Uas（phoenix-headed）權杖，安卡（Ankh）和 Djed（安定的象徵）。

附圖是在阿布辛貝的壁畫。

BELL

2003 / 02 / 22

79   >20030222 充滿陽光口味的衣服

收件人：<Undisclosed-Recipient:@msr.hinet.net;>

副本抄送：

主旨：充滿陽光口味的衣服

Dear:

不管是使用什麼牌子的洗衣精、洗衣粉或肥皂，經過紫外線穿透的衣服纖維，蒸發掉水分後，有陽光經過的證據，味道最香了。

小時候，媽媽都把衣服晾在空地上接受陽光，穿上衣服之前要先嗅一嗅那好聞的味道，幸福得不得了。長大後晾衣服大都是在陽台上，無法完全裸露接受陽光，衣服上多是「白熊」的味道。

下圖是埃及路克索路邊一戶人家曬的衣服，很想從這大大小小五顏六色的衣服猜這戶人家有幾口？可是這到底是當天全家服呢，還是一週才洗一家人的份量？小孩幾個？大人幾個？男的？女的？那一塊布是床單？還是沙麗？

無論如何，這些衣服的味道一定好極了！

BELL

2003 / 02 / 22

80 > 20030222 何露斯寶石戒指

收件人：<Undisclosed-Recipient:@msr.hinet.net;>

副本抄送：

主旨：何露斯寶石戒指

Dear:

這麼美麗璀璨的何露斯戒指，光澤好像波霸奶茶裡的珍珠哦！（圖片引用自埃及航空HORUS雜誌廣告頁）

BELL

2003 / 02 / 22

81　　>20030222 拜何露斯媽媽的菲來神廟雕

收件人：<Undisclosed-Recipient:@msr.hinet.net;>
副本抄送：
主旨：拜何露斯媽媽的菲來神廟

Dear:

我們坐快艇到這個象島參觀菲來神殿，這座神殿以前是泡在水裡，後來才遷移到附近高處也很不簡單。以前菲來神殿是整座淹在水裡必須坐玻璃底船參觀呦！

現在廟裡被從前的淤泥弄得牆上壁畫都黑黑的，可是還算保存得很好，這間神廟拜的是 Isis 女神也就是何露斯的媽媽。

都幾千年了，沒神也沒人理睬，神廟如果有「地基主」應該讓前來的人們也拜一拜碼頭，不然只有一堆待風化的石頭。 何露斯的媽媽不知同意否？

BELL

2003 / 02 / 23

收件人：<Undisclosed-Recipient:@msr.hinet.net;>
副本抄送：
主旨：美國總統巨石建造的靈感來自阿布辛貝神殿雕像？

Dear:

最近看到電視廣告「真人說英語」的電子字典廣告美國四個總統巨石雕像說話了才想起……

看了太多資料也搞不清是夢、是事實還是幻想，印象中美國的總統巨石建造靈感來自於阿布辛貝神殿拉姆西斯二世的四座雕像，阿布辛貝神廟是古埃及新王國時代第19王朝拉姆西斯二世（Romses B.C. 1279-1213）所興建，1955 年因為亞斯文水壩的建立，神殿岌岌可危聯合國科教文組織成立古埃及文獻與研究中心，成功地將神殿切割成 1036 塊石塊遷移至石崖上。1968 年 9 月 22 日正式開放，在18世紀，有人去埃及發現到這個被砂石淹沒的偉大神殿，後來陸陸續續有人來參觀，所以有可能是美國人來這兒產生靈感做總統雕像……

這兒真的很偉大，而且偉大兩次，第一次是鑿山建造，第二次是成功遷移，一生真的值得來一次。

BELL

2003 / 02 / 22

收件人：<Undisclosed-Recipient:@msr.hinet.net;>

副本抄送：

主旨：埃及瘦身術，綁胃減肥法

Dear:

聽說過楊貴妃有心臟病？糖尿病？高血壓？關節炎？三栓甘油脂過高？血濁？容易疲倦……等等

這些症頭嗎？

呵呵……雖說埃及人喜歡福福泰泰的樣子，但是太胖，身體毛病多，也容易招致上述病情。

有一本雜誌上介紹埃及瘦身術就是縮小胃。效果看起來不錯，減肥前後差很多……

其實有進有出就是福，大家心情要常保持愉快！

不需減肥但要會減壓。

圖片引用自埃及航空 HORUS 雜誌上廣告頁

BELL

2003 / 02 / 22

84   > 20030224 現代埃及是蝦咪？

收件人：<Undisclosed-Recipient:@msr.hinet.net;>
副本抄送：
主旨：現代埃及是蝦咪？

Dear:

一直都在介紹古埃及，我去的可是現代埃及哪！好像把這個埃及美女的靈魂身體及前世研究遍了，卻還不知她現世的生辰八字身世背景呢！

在查資料時發現國旗有一隻老鷹，我收集的郵票上也有很多，還有所有古蹟的參觀票券背面都要加蓋一個老鷹章，古埃及的老鷹就是何露斯保護神，那現代埃及呢？

老鷹原來是伊斯蘭教始祖穆罕默德的家族象徵。古埃及在埃及豔后那一代已經玩完了，後來才被阿拉伯人統一，也因為被英國「保護」，所以在埃及講英文也很好溝通。

埃及人大多信奉伊斯蘭教，所以「時間一到」就有廣播器播放經文，很多人就地跪下膜拜。因為我在市區多是在車上看著這些動作出神，沒有拍照，心裡納悶到底是啥動力讓他們自出世就這麼相信神而且這麼虔誠？

親愛的朋友，埃及是一生中很值得去一次的地方，
but 要帶著想像力去哦！

BELL

2003 / 02 / 24

84　　>20030224 碎碎念的咒語

收件人：<Undisclosed-Recipient:@msr.hinet.net;>
副本抄送：
主旨：碎碎念的咒語

Dear:

這是卡那克神殿的一面牆，刻滿了象形文字。經過時感覺好像是神明隨時在碎碎唸！也很像我們佛祖常說的：「南無阿彌陀佛」。

BELL

2003 / 02 / 24

收件人：<Undisclosed-Recipient:@msr.hinet.net;>
副本抄送：
主旨：木乃伊的肝胃腸肺守護神

Dear:

還記得《神鬼傳奇》裡四個美國人拿了四個罐子，結果被印和闐吸光精氣並要回四個罐子。罐蓋的造型分別是人頭、狒狒頭、狼頭、鷹頭，那裡面裝的就是木乃伊的肝、胃、腸、肺。 而這四個器官都有守護神，就是何露斯的四個兒子。

下圖是仿畫，何露斯的四個兒子。

BELL

2003 / 02 / 25

小百科： Four Sons of Horus 何露斯這四個兒子是負責保護歐塞里斯（死者）的身體。
艾謝特 Amset — 何露斯的四個兒子之一，是一具人頭的木乃伊，保護死者的肝，也被艾西絲女神保護。
杜米特夫 Duamutef— 何露斯的四個兒子之一，是一具狐狼頭的木乃伊，保護死者的胃，也被奈斯女神保護。
奎本漢穆夫 Qebhsenuef— 何露斯的四個兒子之一，是一具獵鷹頭的木乃伊，保護死者的腸，也被塞勒凱特女神保護。
哈碧 Hapi（GoldenDawnAhephi）— 何露斯的四個兒子之一，是一具狒狒頭的木乃伊，保護死者的肺，也被奈芙緹絲女神保護。

收件人：<Undisclosed-Recipient:@msr.hinet.net;>
副本抄送：
主旨：古埃及200多個法老王

Dear:

這是在埃及博物館裡展示200多個法老王的模型，雕像叫得出名字及叫不出名字的都在這兒了。

如果你想了解正確數字可以上網查，慢慢數囉！

法文雜誌上有介紹埃及的書目，從拿破崙到現在，法國人對埃及真像對愛人一樣……

PS：每當眼前畫面在我腦中閃過一絲念頭，我就會按下快門。快門就是我的眼睛，視覺暫留可能表示我心中有疑問所以要繼續找答案。所以我的埃及之旅有近千張照片，我也不知我會寫到何時！如今我是像腳上有雙魔力舞鞋的女孩怎麼跳也停不下來……

BELL

2003 / 02 / 25

88   ＞20030225 尼羅河風光

收件人：<Undisclosed-Recipient:@msr.hinet.net;>

副本抄送：

主旨：尼羅河風光

Dear:

去埃及主要是欣賞尼羅河風光及兩岸的古蹟，就像遊長江三峽一樣。

這是一本法國雜誌，內頁尼羅河地圖把景點都畫出來了，

好美！看得出我還有幾個景點沒介紹嗎？

BELL

2003 / 02 / 25

（圖片引用自MEDITERRANEE MAGAZINE 雜誌）

89   >20030225 何露斯的曾曾祖父
                ------太陽神Ra

收件人：<Undisclosed-Recipient:@msr.hinet.net;>

副本抄送：

主旨：何露斯的曾曾祖父------太陽神 Ra

Dear:

古埃及的太陽神 Ra 是神中之神，你看他是鳥頭頂著一個太陽，

原來是何露斯的 grand grand father。

所謂「人在做天在看」，看下面這張美麗的圖面就知道。這是我仿書上的陵墓壁畫。

BELL

2003 / 02 / 25

90 　　>20030225 保護圖唐卡門內臟的
　　　　　　蠍子女神

收件人：<Undisclosed-Recipient:@msr.hinet.net;>
副本抄送：
主旨：保護圖唐卡門內臟的蠍子女神

Dear:

英年早逝的圖唐卡門，他的內臟被用雪花石膏做的罐子裝著，四個刻在外棺浮雕上的女神就是蠍子女神。

而另一張黃金外棺的內部裝著這座雪花石膏。四邊的黃金女神也是蠍子女神，頭上是直立的蠍子，跟電影的魔蠍大帝不一樣哦！

她也因為圖唐卡門的陪葬品被發現而一夕成名。

BELL

2003 / 02 / 25

```
91      >20030226 夜夜笙歌夜夜歡
                                    △
                                    ▽
                                  ◁ ▷
```

收件人：<Undisclosed-Recipient:@msr.hinet.net;>
副本抄送：
主旨：夜夜笙歌夜夜歡

Dear:

晚妝初了明肌雪，春殿嬪娥魚貫列。

鳳簫吹斷水雲間，重按霓裳歌遍徹。

臨風誰更飄香屑，醉拍闌干情味切。

歸時休放燭花紅，待踏馬蹄清夜月。

這是李後主寫「玉樓春」，意境與下圖是不是很像？

這些埃及美女的頭上好像裝個警示燈，其實是香料錐。

這是仿紙沙草紙明信片的圖畫。

這景象比電子花車秀好多了吧！

BELL

2003 / 02 / 26

© 2003 Illustration by Bell

語譯：
晚妝過後宮女們的肌膚個個晶瑩似雪，大家按次序排列在春殿裡。
歌舞盛會正開始，悠長的笙簫響徹雲霄，琵琶高亢彈奏霓裳雨衣曲的醉人旋律。
臨風飄撒著氤氳的香氣，這裡就是人間天堂。 今宵且讓我們狂歡陶醉！
席散回去時不要點亮紅燭， 我要達達的馬蹄踏著清輝的月色歸去。

```
92    >20030226 參觀之前先驗票
              再X光掃描
```

收件人：<Undisclosed-Recipient:@msr.hinet.net;>
副本抄送：
主旨：參觀之前先驗票再X光掃描

Dear:

埃及不愧為熱門觀光景點，到每個景點都要票，人要票，攝影機要票，錄影機更要票。

在每個入口除了要驗收門票，身上的皮包、背包都一定要經過X光掃瞄，連在戶外的景點也一樣有X光掃瞄。

聽導遊說以前在薛特哈普特神殿被回教基本教義派的激進份子持槍掃射，觀光客死了75人，所以檢查工作特別謹慎。

左邊兩張大張門票是聲光秀的票券。

BELL

2003 / 02 / 26

收件人：<Undisclosed-Recipient:@msr.hinet.net;>
副本抄送：
主旨：處處是神明的浮水印壁紙

Dear:

這是在 Kom Ombo 柯歐普神殿也就是祭祀鱷魚神及老鷹神的地方。

牆面是希臘羅馬時期由托勒密二世興建的，圖案是埃及豔后和她的父親托勒密十三世一起敬供諸神的浮雕。

這些神明是埃及創世紀故事裡非常有名的人物，就像盤古開天闢地的故事一樣。

在《死者之書》裡，人死後必須面對 42 位冥界判官，這些創世紀神明也在其中。（後面再介紹）

這浮雕如此美，埃及壁紙圖樣如有設計以下神明圖像浮水印然後外銷，應該是全世界最屌的壁紙吧！

BELL

2003 / 02 / 26

94　　>20030227 活動的博物館

收件人：<Undisclosed-Recipient:@msr.hinet.net;>
副本抄送：
主旨：活動的博物館

Dear:

在博物館看古物，其實更吸引人的是觀賞者的表情吧！

BELL

2003 / 02 / 27

95   >20030228 死者之書裡的神明

△
▽
◁ ▷

收件人：<Undisclosed-Recipient:@msr.hinet.net;>

副本抄送：

主旨：死者之書裡的神明

Dear:

下圖是我彷一幅《大英博物館》裡收藏的《死者之書》其中一頁。

這畫面説的是：亞尼這個人在死後接受埃及眾神的審判，很像中國人死後到被牛頭馬面抓到閻羅王那裡判罪，再依罪行分發處刑。有積陰德的人就是到升天到西方極樂世界，也就是天堂。

BELL

2003 / 02 / 28

收件人：<Undisclosed-Recipient:@msr.hinet.net;>
副本抄送：
主旨：路克索神廟古今現在

Dear:

有一本書是埃及古蹟古今對照，現在的殘破加上一張彩色投影片描繪古埃及時期華麗的外觀，下圖是卡加那神殿。

洗了照片才發現書上也有取這景。像在路克索這一區的古蹟，這種掉下來的頭像都擺進當地路克索博物館了，太大了，也有原地擺放的。

路克索（Luxor）就是古城底比斯（Thebes），地理位置正好是古埃及時代位於上埃及與下埃及的中間；在中王國時期為了躲避異族西克索人的攻擊把首都從孟斐斯遷到路克索。

西元前 27 年發生大地震，路克索毀於一夕之間，後來西元 1798 年拿破崙遠征埃及，才將埋藏在黃沙土石下 1800 多年之古城底比斯挖掘出來。

在路克索最有名的古蹟--尼羅河西岸的帝王谷,以及帝后谷。

在尼羅河東岸是卡納克神殿及路克索神殿,兩邊都是很偉大的古蹟,來埃及一定要參觀。

(圖片引用自EGYPT THEN AND NOW / Versandkontor Lauxmann & Lauxmann出版)

BELL

2003 / 03 / 03

97   >20030303 卡那克神殿前的狗

收件人：<Undisclosed-Recipient:@msr.hinet.net;>
副本抄送：
主旨：卡那克神殿前的狗

Dear:

晚上在卡納克神殿公羊之路外等待聲光秀演出，入口處突然出現一條狗從容優雅地走到前面矮牆。

狗面對著眼前公羊說：「雖然你們有幾千年的生命，我只有短短十數年光陰，但是你們一直坐在原地，我卻可以走來走企 … 呵呵 … 呵… 」

卡納克神殿聲光秀跟吉薩金字塔坐在原地欣賞不一樣，它像實驗劇場，一段故事說完再往內前進，繼續另一段故事還繞到大石柱內，感覺真特別！

最後到聖湖旁座位坐下眺望全景…… 來埃及記得看這個秀，是會起雞皮疙瘩的那種感動。

BELL

2003 / 03 / 03

98   >20030303 在日光下的公羊之路

收件人：<Undisclosed-Recipient:@msr.hinet.net;>
副本抄送：
主旨：在日光下的公羊之路

Dear:

李泰祥唱過《一條日光大道》。埃及的卡納克神殿卻有一條公羊之路，來自各國的貢品都要從這條路進入，所以這也算是迎賓大道。

公羊是代表埃及的太陽神，胸前所刻法老的雕像也像法老王在門口歡迎嘉賓一般。

BELL

2003 / 03 / 03

公羊之路小百科：卡納克神殿的公羊之路所有的雕像都採用同一種羊頭獅身的造型，胸前還塑有法老王的雕像，一尊接一尊地一字排開，守護在道路的兩側。這條有名的公羊之路，古時長達3公里，一直通往路克索神殿，雖然現在只剩大約200公尺左右的距離，仍然可以據此想像當年整條大道那種豪邁壯觀的景況。卡納克神殿創建於中王國第12王朝時期，由歷代50多位法老王接續建造，前後歷時約1300年。整座神殿佔地25公頃，全部走一遍至少需費時4個小時。

99 　 >20030303 我的女兒是老婆

收件人：<Undisclosed-Recipient:@msr.hinet.net;>
副本抄送：
主旨：我的女兒是老婆

Dear:
埃及最偉大的法老王之一，拉姆西斯二世，
在埃及看到的最大的雕像都是代表拉姆西斯
二世。
他雖然最喜歡大老婆，但是他也喜歡他當成
老婆的女兒……真是怪怪的倫理。
在卡納克神殿，有處雕像拉姆西斯二世，他
的兩腳之間還有一個小雕像，這是他最喜歡
的女兒，他跟女兒的石塊是一體雕塑成形。
雕像的臉部已經風化了。

BELL
2003 / 03 / 03

100　　>20030303 泥土捏的路克索神殿城牆

收件人：<Undisclosed-Recipient:@msr.hinet.net;>
副本抄送：
主旨：泥土捏的路克索神殿城牆

Dear:

在路克索神殿看到城牆建造的材料，居然是泥土混合著稻草的泥磚，真親切！跟早期阿媽家的土角厝一樣，也難怪歷經幾千年的風霜，這些古蹟都要被風化掉了……

PS：有沒有發現下圖阮尢身後有棵樹，我站的地方沒有？水彩畫也沒有樹？怎麼回事？……

合理的解釋，可能是前後門吧……

水彩畫圖片引用自《A JOURNEY IN EGYPT》(bonechi 出版)

BELL

2003 / 03 / 03

```
101      >20030303 挖不完的古蹟中的古蹟
```

收件人：<Undisclosed-Recipient:@msr.hinet.net;>
副本抄送：
主旨：挖不完的古蹟中的古蹟

Dear:

雖然卡納克神殿是古蹟，但是在這裡還是有很多古蹟沒被挖出來，即使有很多觀光客進出，很多處用繩子圍起來繼續進行考古工作，倒也另有一種淒涼殘缺的美感。

考古，真是一輩子的事……

BELL

2003 / 03 / 03

102   >20030303 耶穌，請還給我真面目

收件人：<Undisclosed-Recipient:@msr.hinet.net;>
副本抄送：
主旨：耶穌，請還給我真面目

Dear:

看過電影《天羅地網》，一定對於007男主角飾演的有錢人雅賊，跟保險公司美麗又有智慧的女保險員，兩人周旋曖昧的劇情印象深刻，特別是那一幅失竊的名畫原來一直都在美術館裡，利用水將水溶性顏料沖洗掉，露出名畫的真跡，真是高招。

不過埃及路克索神殿也有一間房間很有趣，牆壁上也出現這種重疊後露真跡的效果。埃及神明好像在對耶穌基督及瑪利亞說：「拜託，請還給我真面目……」（下圖是壁畫局部）

數千年來，埃及經過羅馬帝國、馬其頓、回教徒、十字軍等眾多民族蹂躪，在路克索神殿的這一片牆，原來的古埃及壁畫被塗抹一層石灰重新繪製基督徒朝聖與聖母瑪莉亞畫像，只是在經過戰火洗禮，斑駁的殘影，同時顯示了部分基督徒頭像及埃及人物象形文字，你看得出來嗎？

在大英博物館裡及羅浮宮眾多的埃及古物，如果埃及政府與人民不是貪這些錢財，寶物怎會留散到世界各地？又，如果不是博物館蒐集這些寶物，恐怕這些東西就任沙漠吞噬或人民毀壞殆盡……

有個烏龍茶的廣告說得很好，喝茶五千年，也許在往後移民火星的超科技時代，要喝烏龍茶恐怕只要在腦袋插入一片晶片，你就解渴了…… 親愛的朋友，請單純地珍惜你擁有的東西……

BELL

2003 / 03 / 03

103　　>20030303 純粹乘涼

收件人：<Undisclosed-Recipient:@msr.hinet.net;>
副本抄送：
主旨：純粹乘涼

Dear:

埃及大部分地區屬熱帶沙漠氣候，炎
熱乾燥，去的時候是10月底，冬季正
開始，但接近沙漠區氣溫仍可高達攝
氏 38 度，跟高雄氣候蠻像。

這季節只能猛擦薄荷條，白花油……

這時在柯歐普神殿，在石柱下，純粹
乘涼……

BELL

2003 / 03 / 03

104   >20030303 獅身人面迎賓道，
　　　　　送禮真辛苦

收件人：<Undisclosed-Recipient:@msr.hinet.net;>
副本抄送：
主旨：獅身人面迎賓道，送禮真辛苦

Dear:

在路克索送個禮還要走這樣久，真辛苦. 現在的人，也很少送禮，送「等路」（閩南語）了，所謂禮輕情意重！

在路克索神殿有一座中世紀建造的清真寺，就蓋在拉姆西斯二世大廳的屋頂上。以前因尼羅河的氾濫，使路克索神殿被淤泥淹沒，埋在地下。不知道建造清真寺時，有沒有發現是蓋在從前房屋的屋頂上？很特別的是，這座清真寺還有在使用。

BELL

2003 / 03 / 03

```
105      > 20030303 歐賽里斯的柱子
```

收件人：<Undisclosed-Recipient:@msr.hinet.net;>
副本抄送：
主旨：歐賽里斯的柱子

Dear:

歐賽里斯的柱子就是古埃及神殿的美麗柱子，在埃及，國王生前象徵何露斯神（老鷹神）的地位，死後則象徵歐賽里斯神（何露斯的爸爸）的地位。

古埃及法老王時代的神殿有四種柱子，稱為歐賽里斯的柱子它的形式有上下埃及形式的蘆葦草＋蓮花、紙莎草紙的柱子、蓮花的柱子和哈托爾神像的柱子。所以看到神殿的時候，如果是這4種形式的柱子，就知道是法老時代的建築。　拋開歷史典故，都好漂亮！

PS：水彩畫是我買的一本書，DAVID ROBERTS在1838-1839，及1853-18544埃及遊看到畫下來的古蹟，　那時大都被尼羅河淤泥及沙漠砂石覆蓋。

水彩畫圖片引用自《A JOURNEY IN EGYPT》(bonechi 出版)

BELL

2003 / 03 / 03

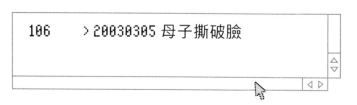

收件人：<Undisclosed-Recipient:@msr.hinet.net;>

副本抄送：

主旨：母子撕破臉

Dear:

這就是圖模西斯三世對岳母哈特薛普特女王的報復，不僅撕破她的臉，連埃及神明也都被刮花了。

下圖是在柯歐普神殿的一幅壁畫，左至右是鱷魚神，何露斯老鷹神，Hatshepsut 哈特薛普特女

王，尖嘴紅鷺托特Thot神…… 女王正在接受「生命之鑰」的洗禮。

BELL

2003 / 03 / 05

107　　>20030305 一代女皇------女法老
　　　　哈特薛普特Hatshepsut

收件人：<Undisclosed-Recipient:@msr.hinet.net;>
副本抄送：
主旨：一代女皇------女法老哈特薛普特Hatshepsut

Dear:

市面上越是血統純正的狗，價值越高、價錢越貴；如果雜交混到了，後代變雜種狗，很可能會淪落街頭變成流浪狗。

這樣的開場白，對於以下要介紹的人物有些不敬，但是會讓人馬上了解，就是她非常 pure 的血統，才讓她當上古埃及第一位女法老王。

她就是那種妹妹嫁給哥哥，而「哥哥丈夫」懦弱又早逝，留下唯一的女兒，就嫁給「哥哥丈夫」小老婆的兒子，但是女婿的年紀還小，所以哈特薛普特 Hatshepsut 就代替未來的法老王先執政，沒想到她真的厲害，到處都有她建設的遺跡。

後來她年老駕崩，當然由女婿繼位，但是女婿懷恨在心，很多神廟壁畫像中有女法老王 Hatshepsut 哈特薛普特的畫像都被他刮花了……

女王為了讓大家覺得她不是弱者，要求她所有的畫像、雕像都要女扮男裝，特徵就是不露出長髮，
裝假鬍子，平胸見人……

女人搞政治，真的很累！

下面圖片是哈特薛普特 Hatshepsut 女王的雕像及壁畫。

BELL

2003 / 03 / 05

收件人：<Undisclosed-Recipient:@msr.hinet.net;>
副本抄送：
主旨：氣勢磅礡的哈特薛普特Hatshepsut女王神殿

Dear:

在古埃及，尼羅河東岸日出的這一邊是活人的世界，人民生活在這兒，還有祭祀眾神明的神殿；尼羅河西岸，太陽日落這邊就是死者的世界，像金字塔、陵墓及葬祭殿等建築，就都蓋在尼羅河的西邊。在路克索參觀尼羅河西岸，就是眾法老的陵墓所在地 —— 帝王谷及帝后谷，但有一座神殿也蓋在這邊，很特別——哈特薛普特 Hatshepsut 女王神殿。雖說是神殿，其實是屬於祭殿性質，純粹為紀念哈特薛普特女王而建，並不是用來供奉諸神的地方，也難怪會蓋在這兒。

這位女法老王後來失蹤了，一般學者相信她是被害死的，這一點從女法老王的雕像、壁畫皆遭損毀可得到印證。

來到這地方，同團排排坐一起合照後，竟然下了豆大雨點，有拇指般大，趕緊跑到神殿下避雨。這地方壁畫都風化掉了，大部分房間圍起來不能參觀，不過這地方的偉大在它的形狀及地勢，如果在地圖上畫一座山，山的一邊要就要畫陰影，而女王的陵墓就在陰影那一頭…… 回來在網上看到一張鳥瞰圖（最下邊那張不是我拍的），才驚覺地勢的險峻…… 那附近有熱汽球可讓遊客升空一覽風光（引用MEDITERRANEE MAGAZINE雜誌）選擇在千丈懸崖邊轉世，女王真的寂寞耶……

BELL

2003 / 03 / 05

```
109    >20030305 陪女王到來生
```

收件人：<Undisclosed-Recipient:@msr.hinet.net;>
副本抄送：
主旨：陪女王到來生

Dear:

在女法老王哈特薛普特 Hatshepsut 神殿兩旁，有很多像防空洞的洞穴，原來女王生前的一些親信大臣往生後就葬在那兒陪著女王。

其中有一位大臣幫女王蓋了這座神殿，他是女王的「愛人」，女王守寡早，又要治國，當然會出現一個厚實的肩膀讓她依靠。在 DISCOVERY 就有提及這號人物。而且考古學家還假設女王的墓跟「愛人」大臣的墓，有地道相通……只是這通姦的證據還沒找到。

人就是這樣，再怎麼偉大，也不會是十全十美。

照片另一邊有兩位當地居民一直在鑿石頭，相對位置有些兒滑稽。

BELL

2003 / 03 / 05

110　　>20030306 紅海胡加達城母牛遊街

收件人：<Undisclosed-Recipient:@msr.hinet.net;>
副本抄送：
主旨：紅海胡加達城母牛遊街

Dear:

在紅海邊胡加達城吃午餐等上菜，看到路上有一群牛坐在車上很乖的經過。

在最右邊一家餐館前也有一座雕像，他的姿勢是有代表意義的，頭飾及鬍子代表他是法老王，雙手有力、垂直握拳，代表他掌握政權，一隻腳直立但另一隻腳跨前一步伸直，代表他掌握軍權。所以他是軍政合一的法老王，拉姆西斯二世就是代表。

在埃及，可口可樂廣告招牌還是比百事可樂廣告多，不過在熱帶國家似乎像芬達這種有橘子汽水的飲料比較吃香。

BELL
2003 / 03 / 06

收件人：<Undisclosed-Recipient:@msr.hinet.net;>
副本抄送：
主旨：埃及美女跳河祭尼羅河神

Dear:

中國在端午節日，會包粽子紀念屈原投河，還有划龍舟比賽；導遊說在古埃及，會選一個美女投河祭尼羅河神，雖然美女犧牲生命，但是她是奉獻給神明，所以是歡喜甘願。

在現代的埃及，紀念尼羅河神的節日，仍會選一個美女穿著古埃及服，象徵性地跳河當作跟河神結婚，當然美女心意傳達完成儀式游個五分鐘，還是要上岸。不過不知道是那一天？

下面這幅圖，是阿布辛貝神殿壁畫，這是尼羅河神哈皮 hapy，他被描繪成一位國王，帶著代表帝王的奈邁斯頭飾和假鬍子，女性的胸部象徵他那賜予埃及生命的河水……

原來阿布辛貝神殿就建在尼羅河旁，雄偉的神殿讓進貢的他國人民一進入尼羅河就震懾臣服，也難怪神殿牆壁上有尼羅河神。水彩畫圖片引用自《A JOURNEY IN EGYPT》(bonechi 出版)

BELL

2003 / 03 / 06

112　　>20030307 有小腹的女人最性感

收件人：<Undisclosed-Recipient:@msr.hinet.net;>
副本抄送：
主旨：有小腹的女人最性感

Dear:

有小腹的女人最性感，連古埃及壁畫的神明都
一樣，這位性感美女是埃及豔后——克麗奧派
翠拉。

想減肥嗎？

練一塊腹肌實在太難了，年過 30 歲的妳，有一
點點小腹就當作性感的象徵吧……

BELL

2003 / 03 / 07

113　＞20030328 埃及口沫噴滿臉的殺價法

收件人：<Undisclosed-Recipient:@msr.hinet.net;>
副本抄送：
主旨：埃及口沫噴滿臉的殺價法

Dear:

"How much？fifty 胖"…… 你用英文壓低嗓音唸看看（埃及貨幣單位「鎊」）是不是可以感覺老闆口水還來不及嚥下就急著在妳耳邊妥協，說完這價錢，還會低聲下氣補一句耳語：

"This is a secret between you and me." 飛沫有些味道，加上在陽光下輕聲細語，聽了手臂馬上會起雞皮疙瘩，雖然價錢有點心動，想讓他賺一點，卻又不想再讓他靠過來耳語。

但是，等到領隊「菜市場夫人」一過來，其他團員也圍過來湊熱鬧，殺價又得重新開始。人多殺價空間更大，四折再降到三折，完全以量制價，當然隔壁攤也會詀酠過來，說人怎麼講價講一半都過去別攤…… 這攤老闆雖然被宰割，但是現金比存貨實際。

這就是瞎拼的快感！完全取決於和小販殺價、爭執的高潮起伏後妥協的一笑，特別是老闆的苦笑。

在埃及市集或路邊攤買東西，沒什麼撇步，除了態度要硬，不能讓人看出妳在猶豫，價錢一定三折起跳…… 但也會有踢到鐵板的時候，如果講到後來撕破臉，一定要頭也不回就走人，不然他會在妳身後破口大罵，妳聽不懂阿拉伯話，但是從路人表情看來一定很不好聽。

我遇上的真實情況是這樣的：

A 男團員看著櫥窗裡的銀飾打算買一個給老婆，老闆見他喜歡，報了價錢並從櫥窗取出，這時b和c女團員也適巧進入這家店，A問B意見，B說市集很多銀飾，而且這條項鍊的工不是很細，他應該去比價看看，A就跟老闆說不要了，出店門時，老闆快氣爆了，追出來問B到底跟A講什麼，為什麼原本要買卻放棄了。

他邊講邊跟其他小販喊著說B的壞話，B也很不爽地掏出一根煙說 "leave me along" 趕緊點火快步走邊哈起來。C在旁邊，一切都看在眼裡，很怕被扁，走的也很快，C就是我。

發生這一切，很怕被說台灣人是機車人，因為當地人看到東方人都會友善地說；「空妳機挖」，我

們則是糾正說；「你好嗎？I come from Taiwan！」

我原本想他們本來就窮，買東西不要那麼絕，本來就便宜的東西，還要殺到跳樓價，有點欺負人。

我的原則是相差10塊就讓他賺，我拿東西走人，可是團員會跟老闆耗時間殺到讓他少賺20元，東西一樣到手，當然，樂趣…… 就看你怎麼想囉！

下圖是亞斯文路邊攤性感女裝。

BELL

2003 / 03 / 28

114   >20030501 法老王辜負了春天啊！

收件人：<Undisclosed-Recipient:@msr.hinet.net;>
副本抄送：
主旨：法老王辜負了春天啊！

Dear:

張圖片令人感傷，法老王面無表情，眼神像條死魚，死神阿奴比斯隨侍在後（擔心法老王軟腳嗎？

），婢女跪姿…… A片尚且還有前戲，但是古埃及上演的春宮嬉戲圖顯示：

法老王並未享受著 making love，也不沒有感官衝動的辦事，這幅畫只是無任何動機的圖畫，令人

洩氣，辜負了春天啊！圖片引用自 EROTICA UNIVERSALIS / TASCHEN.

BELL

2003 / 05 / 01

115　　　>20030501 天然威而剛----- 椰棗

收件人：<Undisclosed-Recipient:@msr.hinet.net;>
副本抄送：
主旨：天然威而剛-----椰棗

Dear:

最近因為工作事務多，加上先前美伊戰爭、張國榮跳樓、加上SARS疫情，真沒啥心情寫伊媚兒日記，不過暴風雨過後，大太陽還是會來的，活兒還是得幹，我至少還有你們！還是記錄我發現哪些有趣的事吧！

下面這張圖片，我是仿書上古畫畫的，要介紹的是這棵椰棗樹，長相像檳榔樹跟椰子樹的混合體。在埃及很多這種樹，它的果實就叫椰棗。我在埃及天天吃，外形大小像台灣的檳榔，成熟後是豬肝色外貌，但咬起來味道像甘蔗又像棗子，多汁且甜，纖維很細可吞下，導遊說它上火，是天然威而剛，可是同團的男士，餐後多屬意當地的西瓜。

旅行最大的樂趣，就是在短期內蒐集資料，並且體驗當地人的生活。下次出國，不知何年何月啊！

BELL

2003 / 05 / 01

© 2003 Illustration by Bell

164

116　　＞20030501 柯毆普神殿的
　　　　　　索貝克 Sodek 鱷魚神

收件人：<Undisclosed-Recipient:@msr.hinet.net;>
副本抄送：
主旨：柯毆普神殿的索貝克 Sodek 鱷魚神

Dear:

鱷魚怕什麼？怕鱷魚皮包，很冷吧！像廣告：蚊子怕什麼？鱷魚蚊香！

鱷魚神，在埃及是很重要的神，柯歐普神殿就是祭拜鱷魚神索貝克與鷹神何露斯。

有一個故事，保護神何露斯的爸爸，遭到何露斯的叔叔陷害殺死，何露斯要報殺父之仇，結果壞蛋叔叔一路逃亡，遇到鱷魚神，他向鱷魚神求救，如果幫他躲過一難，會給祂很多金銀財寶，鱷魚神答應了，張開嘴請壞叔叔躲進牠的肚子裡，何露斯追趕來了，問鱷魚神，「見到壞叔叔沒？」，鱷魚神答曰：「沒」，何露斯就走人，壞叔叔躲過一劫，就給了鱷魚神很多金銀珠寶。

後來這件事傳開，百姓就很唾棄鱷魚神，所以現在埃及有些地方的鱷魚被當成神明一樣祭拜，但有些地方則將鱷魚捕殺殆盡……

一種鱷魚有這麼多種故事，旅行真有趣……

圖是神殿壁畫上的鱷魚神。

BELL

2003 / 05 / 01

117　　＞20030502 樹上五隻唱歌的小鳥

收件人：<Undisclosed-Recipient:@msr.hinet.net;>
副本抄送：
主旨：樹上五隻唱歌的小鳥

Dear:

三月天雨後，走在十八尖山，鳥叫聲七嘴八舌，熱鬧極了！

突然我明白仿埃及明信片所畫的圖畫裡愛唱歌的彩色鳥之意境了，五隻鳥正好也可以組成一個樂團耶！只是書上看到的故事，對號入座怕減低它的美感，還是你自己看著畫想像一番囉！

BELL

2003 / 05 / 02

© 2003 Illustration by Bell

118	>20030709 為尼羅河女兒證婚的Amon阿蒙神

收件人：<Undisclosed-Recipient:@msr.hinet.net;>
副本抄送：
主旨：為尼羅河女兒證婚的Amon阿蒙神

Dear:

最近終於有機會又把少女漫畫《尼羅河女兒》重新看了一遍，實在太過癮了。當然閱後有小小的心得，我的埃及之旅遊記又多了幾篇「田野調查」……呵呵呵！

下圖為尼羅河女兒和曼菲士證婚的古埃及重要神明，叫做阿蒙Amon（阿曼應為日本譯音）祂是因底比斯的興起而成為國家的主神，聖獸是鵝和公羊。

阿蒙Amon是神中之王，也是法老王的守護神，更是創造宇宙萬物的初始神祇之一。

記得我介紹的獨臂雞雞神Min神嗎？

聽說：當阿蒙神從卡納克神殿來到路克索神殿，和他的老婆Mout穆特女神相會後，經由兩人的結合，阿蒙神就變成具備強大生殖能力的Min神，就是雞雞神，Min神的特徵是舉起可搭帳棚的大雞雞，象徵生生不息的生育繁衍能力。去玩回來，還有漫畫可佐證，真開心！

BELL

2003 / 07 / 09

收件人：<Undisclosed-Recipient:@msr.hinet.net;>
副本抄送：
主旨：美麗的蓮花頭飾

Dear:

看，男人裝扮起來，也別有一番風味。

曼菲士王的頭飾，眼鏡蛇頭代表權威，後邊散開的是蓮花造型、聖甲蟲造型、衣服上的何露斯圖案……尼羅河女兒的作者細川智榮子畫工真是了得，就算是黑白稿也很好看！

她絕對不用擔心什麼泡沫經濟或失業問題，如果轉行作造型設計，一定非常成功。

BELL

2003 / 07 / 09

```
120     >20030712 卡納克神殿列柱大廳
```

收件人：<Undisclosed-Recipient:@msr.hinet.net;>
副本抄送：
主旨：卡納克神殿列柱大廳

Dear:

漫畫裡也有介紹古埃及裡巨大石柱是如何做成的呦！

導遊介紹卡納克神殿的大石柱，指著最前面一隻石柱，説是sample，古埃及人要讓後代子孫知道石柱是由一層一層石塊堆疊而成。

參觀神殿的前一夜，我先去觀賞夜間聲光秀時置身其中，在月光照射下的石柱間穿梭，真的會讓人肅然起敬耶，尤其是石柱上的圖案，雖然褪了色，還是那麼美……

BELL

2003 / 07 / 12

小百科：

卡納克神殿列柱大廳 殿內最壯觀者首推列柱大廳，一百四十三根直徑三公尺多的蓮花柱星羅棋布排列大廳，中間兩排高二十公尺，再向外高十八公尺，落差二公尺設計為窗戶，為室內自然採光之用，石柱由層層圓柱型石塊 堆成，最上層較柱體為寬作蓮花狀，經幾千年而不墜，柱體雕滿各式 圖案。

121   > 20030715 尼羅河宮廷樂女

收件人：<Undisclosed-Recipient:@msr.hinet.net;>
副本抄送：
主旨：尼羅河宮廷樂女

Dear:

有個故事，有位法老王搭船外遊，命令 12 個宮女脫光衣裳換上漁網裝，隨行還有數十名宮女彈琴奏樂好不樂乎。

這幅圖的宮女所發生的故事是她正在彈琴，不巧身上戴的綠松石，也就是土耳其石，掉進河裡，於是她掉了眼淚，被法老看見了，便問明原因，為了安慰她，還施法把河道分開撿起綠松石（比摩西分開紅海年代還早），宮女就笑了。

壁畫裡有記載這些圖畫及故事，在DISCOVERY頻道探討的是這法老一定是好君王，因為他肯替一個宮女施法。而且宮女不懼怕告訴他這件事，可見得他應該是和藹可親的長者。

我把自己畫成宮廷樂女了，呵呵，薄紗應該畫厚一點。

BELL

2003 / 07 / 15

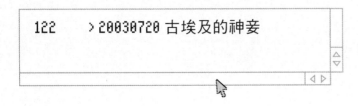

收件人：<Undisclosed-Recipient:@msr.hinet.net;>

副本抄送：

主旨：古埃及的神妾

Dear:

只要看到古埃及女人頭上有雙羽毛加上太陽的頭飾，就可以判斷他是神妾或神的女兒。這樣她就能受到人民的擁護愛戴，如果有法老娶了她，那麼地位就會更加鞏固，可說是夫以妻為貴。

像拉姆西斯二世的大老婆 Nefertari、托勒密王朝著名的艷后克莉奧派翠拉女王，在帝王古蓋神殿的 Hatshepsut 女王，她跟祭司就編造了一個故事，說她是太陽神的女兒，這樣埃及的人民就可以接受她做埃及的法老王。

下面這幅圖是保護神何露斯牽著神妾的手，

看得出來神妾變臉了嗎？換成我的側面像，

咦？看來還真陌生，呵呵呵！

過過癮哪，別太計較……

BELL

2003 / 07 / 20

```
123      >20030721 早晨活力十足的
                太陽神象糞蟲
```

收件人：<Undisclosed-Recipient:@msr.hinet.net;>

副本抄送：

主旨：早晨活力十足的太陽神象糞蟲

Dear:

法國導演盧貝松拍了一部《小宇宙》，裡面的昆蟲可愛極了！

看到其中一段聖甲蟲滾著糞球的模樣，就可以了解古埃及人為何把牠當成早晨的太陽神了！

真是有活力~YA！

下圖是我仿陵墓壁畫的作品。

BELL

2003 / 07 / 21

```
124      >20030727 古埃及的施工吊掛作業
```

收件人：<Undisclosed-Recipient:@msr.hinet.net;>
副本抄送：
主旨：古埃及的施工吊掛作業

Dear:

真的不得不佩服漫畫家對歷史的考據，古埃及方尖碑是一體成型的，但是沒有起重機要如何把它豎立起來呢？

埃及導遊很驕傲地說古代埃及人是很有智慧的……

首先先挖一個洞，裡面放滿沙子，再做一個斜坡，把方尖碑運過來放在斜坡上，底部先放在洞口，然後把沙子慢慢挖出來，方尖碑就會往下沉，這樣把斜坡持續增高，邊挖沙子邊繼續把斜坡墊高，同時在方尖碑另一邊，由很多人利用繩子把方尖碑拉直，這樣方尖碑就會繼續往洞裡掉，最後就會被豎立起來。

看，藉著《尼羅河女兒》得到這樣的印證，真是了不起……

BELL

2003 / 07 / 27

125　　>20030727 古埃及的感官世界，
　　　　　　　　快點兒把我弄香香

收件人：<Undisclosed-Recipient:@msr.hinet.net;>

副本抄送：

主旨：古埃及的感官世界，快點兒把我弄香香

Dear:

快點兒把我弄香香，身體不香不迷人……

我看漫畫《尼羅河女兒》，埃及鄰國公主每次想接近曼菲士王，就會吩咐婢女在她身上塗滿香精油，宮殿裡，伺候女主角凱羅兒的女僕，也總是在梳洗一番後說「再擦上香精油就可以見王了……」哦……呵呵呵……

古埃及留下這麼好的精油，我也忍不住買了一盒。光看精油的名字就夠炫了，而且好有學問哦！有埃及法老王神明的名字，也有埃及代表物品。裝香精油的玻璃瓶子也都很別緻哦！

擦香精油方法就像畫十字一樣，先擦額頭、胸前，再來左耳後、右耳後，由於香精油濃郁，塗抹一次可以持續一天都香香的，如果你覺得芳香療法有效用，那偶爾來塗香香，心情就會不一樣哦。

BELL

2003 / 07 / 27

收件人：<Undisclosed-Recipient:@msr.hinet.net;>
副本抄送：
主旨：利用冷脹熱縮取出方尖碑

Dear:

在亞斯文這兒熱到讓人中暑。不過這裡有一大片花崗岩，這些可都是高級建材哪。

導遊說採石廠遺留了1支未完成的方尖碑，是埃及最大的，可惜其中某段材質不夠堅硬，後來地震裂了一條縫，才被棄置放著當活教材。

下圖，我坐在未完成的方尖碑旁。這座方尖碑長41公尺，是目前已知埃及歷史上最大的一座。

那古埃及的方尖碑是怎麼就地鑿取呢？

這個就厲害了──古埃及人在堅硬的石頭上，先畫出所需形狀大小，再沿著邊緣鑿一些小洞，然後插入木樁，倒入水浸濕，再利用木頭熱脹冷縮的原理，石頭就會剝離母體……

真是太神了，愚公移山，是不是也可以比照辦理？

BELL

2003 / 07 / 27

收件人：<Undisclosed-Recipient:@msr.hinet.net;>
副本抄送：
主旨：穿T恤學埃及文

Dear:

這是在埃及買的純棉T恤，穿這衣服最擔心別人目光集中在胸前。

說起埃及的象形文字，要不是在1822年法國學者商博良解開羅錫塔石碑的符號，現在埃及文化可能還是一團謎。

其中一件T恤，有圖案的說明，我對照過其他資料，雖不完全相符，如果有興趣，不妨參考一下。

BELL

2003 / 07 / 27

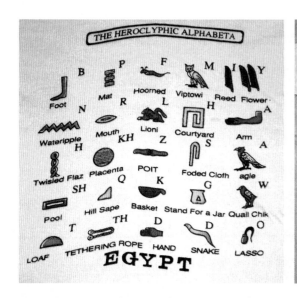

128　　　>20030727 美麗的靈魂安息地

收件人：<Undisclosed-Recipient:@msr.hinet.net;>
副本抄送：
主旨：美麗的靈魂安息地

Dear:

在路克索，谷底比斯帝王谷陵墓區內，有最美麗的壁畫，那是拉姆西斯二世大老婆 Nefertari 的陵墓。人死後不僅要做成木乃伊，陵墓也要裝飾，除了要畫上神祇陪伴，還要畫出死後極樂世界。

現代人都是火葬，不然墳墓區都畫些美麗壁畫也可能成為觀光區啊！

因為在帝王谷無法參觀所有陵墓，所以我沒到這裡，只能買名信片。

右圖是名信片裡古幕上的壁畫，下圖是仿明信片裡古墓上的壁畫，展翅的瑪特，代表公理正義的女神，保護棺木中的死者。 Nefertari 和哈托爾女神，木乃伊安息還有咒語。

BELL
2003 / 07 / 27

129　　　>20030903 靈魂出竅的 Ba

收件人：<Undisclosed-Recipient:@msr.hinet.net;>

副本抄送：

主旨：靈魂出竅的Ba

Dear:

想飛嗎？往生後就可以有這項特異功能……

古埃及人相信人的靈魂會出現幾種形式，其中一種是鳥Ba，人死了Ba會離開身體，只有等Ba歸返

時，死者才會得到永生。

古埃及人死後靈魂出竅，就叫做Ba，我把他畫在內灣溪邊的石頭上……

PS：搬到新家，煮菜時，拿這石頭來敲碎蒜頭，蠻實用而且美觀！

BELL

2003 / 09 / 03

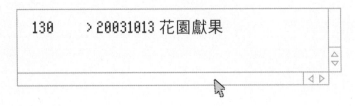

130   >20031013 花園獻果

收件人：<Undisclosed-Recipient:@msr.hinet.net;>
副本抄送：
主旨：古花園獻果

Dear:

我直接在硬紙板上畫，效果還不錯……

這幅圖感覺很祥和，在花園獻花獻香水又獻果，好像中國拜拜，只是神明站在面前給你拜，有點不習慣……　哈哈！

BELL

2003 / 10 / 13

© 2003 Illustration by Bell

131　　>20031021 保護神兼寵物的 Bastet 貓咪神

收件人：<Undisclosed-Recipient:@msr.hinet.net;>
副本抄送：
主旨：保護神兼寵物的Bastet貓咪神

Dear:

在古埃及，巴斯特Bastet 貓咪神，在家中也是很重要的神祇及圖像。

下圖的貓咪神雕像是好友小各兒用紙黏土捏塑，以及她想念因搬家送人的貓咪合影及圖畫。

還有在路克索帶回來紅色大理石貓，擺在魚缸裡。

BELL

2003 / 10 / 21

```
132    >20040321 拉姆西斯二世的腿巴冽冽
                                              △
                                              ▽
                                           ◁ ▷
```

收件人：<Undisclosed-Recipient:@msr.hinet.net;>

副本抄送：

主旨：拉姆西斯二世的腿巴冽冽

Dear:

大家到名勝古蹟都喜歡刻字留名，看阿布辛貝神殿外拉姆西斯二世的腿「巴冽冽」就了解。

PS：我決定埃及遊的 e-mail 就到此告一段落，藉著拉姆西斯二世這一雙腿的刻痕告訴自己到此一遊，實在值得，也提醒各位親朋好友，來埃及一定要到阿布辛貝哪！

BELL

2004 / 03 / 21

聽我說

夜裡，遊輪航行在尼羅河上，河面寬廣卻迷濛一片，
彷彿罩上神秘的面紗，這條河孕育出古埃及文化，
2002年10月終於去了埃及，
迫不及待以e-mail跟好友分享我的心得，
寫著寫著，不知不覺已經過了一年多。
浮生若夢，為歡幾何？
飲過尼羅河之水，將再回到尼羅河。
如果你還有夢想，
絕對要去尼羅河盡情地發揮想像。

真正的閱讀 ------ 一種永不會終了的過程 ------ 它可以以任何的事物去進行
一片草葉
一朵花
一隻馬蹄
一個孩童非常驚奇或狂喜時的眼神
一位真正戰士的神采
一座金字塔的形式
或銘刻在每個佛陀雕像上德安詳沉著
只要懷疑的能力沒有喪失
只要驚奇感沒有萎縮
只要存在真正的飢渴
那麼
一個人就免不了要一面跑一面閱讀
那時
整個宇宙就一定會變成一本打開的書

以上摘自亨利・米勒寫的書〈我生命中的書〉封底一段很迷人的話

我想我會持續把「閱讀」的過程，寫成「私房書」與好友分享。

Bell 2004.01.05 於新竹

>> catch 84

尼羅河 e-mail

作者　　　　　北兒
責任編輯　　　韓秀玫
法律顧問　　　全理法律事務所董安丹律師
出版者　　　　大塊文化出版股份有限公司　台北市 105 南京東路四段 25 號 11 樓

讀者服務專線　　0800-006689
TEL　　　　　（02）87123898
FAX　　　　　（02）87123897

郵撥帳號　　　18955675
戶名　　　　　大塊文化出版股份有限公司
e-mail:locus@locuspublishing.com
www.locuspublishing.com

行政院新聞局局版北市業字第706號

總經銷　　　　大和書報圖書股份有限公司
地址　　　　　台北縣五股工業區五工五路2號
TEL　　　　　（02）8990-2588（代表號）
FAX　　　　　（02）2290-1658

初版一刷　　　2005 年 1 月
定價　　　　　新台幣280元
ISBN 986-7600-94-0
Printed in Taiwan

國家圖書館出版品預行編目資料

尼羅河e-mail / 北兒 著 ——初版
——臺北市：大塊文化，2005〔民94〕
面：　　公分 ——（catch；84）

ISBN 986-7600-94-0（平裝）

1.埃及—描述與遊記

761.9　　　　　　　　　　93023459

廣 告 回 信
台灣北區郵政管理局登記證
北台字第10227號

大塊文化出版股份有限公司　收

地址：□□□ _____市／縣_____鄉／鎮／市／區

_____路／街_____段_____巷_____弄_____號_____樓

姓名：

編號：CA084　書名：尼羅河e-mail

大塊文化 讀者回函卡

謝謝您購買這本書，為了加強對您的服務，請您詳細填寫本卡各欄，寄回大塊出版（免附回郵）即可不定期收到本公司最新的出版資訊。

姓名：_____ 身分證字號：_____

住址：_____

聯絡電話：(O)_____ (H)_____

出生日期：_____年_____月_____日　E-mail: _____

學歷：1.□高中及高中以下　2.□專科與大學　3.□研究所以上

職業：1.□學生　2.□資訊業　3.□工　4.□商　5.□服務業　6.□軍警公教　7.□自由業及專業　8.□其他

從何處得知本書：1.□逛書店　2.□報紙廣告　3.□雜誌廣告　4.□新聞報導　5.□親友介紹　6.□公車廣告　7.□廣播節目8.□書訊　9.□廣告信函　10.□其他

您購買過我們那些系列的書：
1.□Touch系列　2.□Mark系列　3.□Smile系列　4.□Catch系列　5.□幾米系列
6.□from系列　7.□to系列　8.□home系列　9.□R系列

閱讀嗜好：
1.□財經　2.□企管　3.□心理　4.□勵志　5.□社會人文　6.□自然科學　7.□傳記
8.□音樂藝術　9.□文學　10.□保健　11.□漫畫　12.□其他

對我們的建議：_____
_____
_____
_____

LOCUS

LOCUS

LOCUS

LOCUS